The Cross-Border E-Commerce

跨境电商美工

阿里巴巴速卖通宝典

速卖通大学 编著

电子工业出版社
Publishing House of Electronics Industry
北京·BEIJING

内 容 简 介

　　《跨境电商美工》是由阿里巴巴速卖通大学的几位资深讲师结合实践完成的一本跨境 B2C 力作。"阿里巴巴速卖通宝典"系列已出版的图书有：《跨境电商物流》《跨境电商客服》《跨境电商美工》《跨境电商营销》《跨境电商数据化管理》和《跨境电商——阿里巴巴速卖通宝典（第2版）》。已有近 20 万名跨境电商从业者选择阅读本套丛书，各类跨境电商培训机构和院校的学员也将本套丛书作为提升理论水平与实践能力的参考用书。

　　如何做好旺铺的视觉营销，实现高效转化，是速卖通卖家关注的一个重点问题。本书从视觉角度出发，针对速卖通平台操作，为读者做出了详细解答。本书共分为 7 章，从视觉营销的重要性、文案策划、产品拍摄、图片处理、详情页打造、速卖通后台操作、无线端细节等几个部分，为读者做了具体解答。希望对各位卖家朋友有所帮助。

图书在版编目（CIP）数据

跨境电商美工 / 速卖通大学编著. —北京：电子工业出版社，2016.1
　（阿里巴巴速卖通宝典）
ISBN 978-7-121-27679-8

Ⅰ．①跨… Ⅱ．①速… Ⅲ．①电子商务－商业经营Ⅳ．①F713.36

中国版本图书馆 CIP 数据核字(2015)第 284570 号

策划编辑：张彦红
责任编辑：徐津平
印　　刷：北京虎彩文化传播有限公司
装　　订：北京虎彩文化传播有限公司
出版发行：电子工业出版社
　　　　　北京市海淀区万寿路 173 信箱　邮编：100036
开　　本：720×1000　 1/16　 印张：13.25　 字数：232 千字
版　　次：2016 年 1 月第 1 版
印　　次：2023 年 2 月第 16 次印刷
印　　数：21201～21700 册　　定价：69.00 元

序言一

阿里巴巴旗下的全球速卖通平台原本只是阿里巴巴 B2B 业务中的一个项目。因为洞察到外贸订单碎片化的趋势，速卖通业务负责人沈涤凡和核心团队在过去 5 年卧薪尝胆，披荆斩棘，硬是蹚出一条跨境电商零售之路。

有时我会觉得不可思议，难道就是这样一群普通得不能再普通的小二，帮助中国数以万计的卖家把上亿件产品行销海外，服务了全球超过 220 个国家和地区的消费者吗？

之前速卖通低调得令国人甚至阿里巴巴同事都感觉陌生。直到在 2015 年全球化"双十一"活动中大放异彩，单日创造的 2124 万笔订单，终于让坚定地跟了我们很多年的中国卖家幸福得泪流满面。

感谢过去 5 年中无数"中国制造"和中小外贸公司以及个人卖家的不离不弃，陪伴速卖通平台一起成长壮大，共同探索跨境电商的技巧和心得。作为平台，我们除了帮助卖家获取到全球优质流量，配以完善的跨境支付和物流解决方案以外，最重要的任务是向卖家学习，把优秀卖家的心得和我们探索的经验充分与大家分享！

跨境电子商务领域的全球竞争已经开始，而中国将首次因为拥有世界上最大的电子商务市场而重新制定电商 WTO 新秩序。这对于一直在寻找转型方向感的中国制造，对于想要全球化、国际化的本土企业，对于渴望物美价廉的中国产品的全球消费者，都是一种希望。

让天下没有难做的跨境生意！

阿里巴巴集团跨境 B2C 事业部总经理　逸方

序言二

2014 年 4 月底，江南渐入初夏的日子，我来到绥芬河，在这个湖面依然冰封的边陲小城举行卖家见面会。当地的卖家热情之高，让我惊讶。与其中一位卖家随意交谈，他告诉我，之前从事传统边贸生意十余年，也做过淘宝，而现在毅然转型速卖通的原因：一是在国外社交网站上，看到越来越多的老外在"晒单"，夸耀在速卖通上买到了物美价廉的产品；二是看到物流公司的速卖通业务突飞猛进。"这两件事情，假不了！"他非常肯定地说。

电子商务在中国虽然只有短短十余年的历史，但已经经历了 B2B、C2C 两次创业浪潮：第一次让许多外贸公司、外贸工厂如虎添翼；第二次，淘江湖应运而生，淘宝、天猫成为网购的代名词；而现在，跨境 B2C 来了。

速卖通平台能够让卖家直接面对全球终端买家，这条短得不能再短的商业链，造成了多赢的局面，因而业务呈现爆发式的增长。而大量卖家，经历过 B2B、C2C 的历练和准备后，如上面那位绥芬河卖家一样，有勇气和能力，直面全球 220 多个国家的消费者。

由于不同的语言、地域、气候、国家政策、文化、消费习惯等因素，跨境电商从一开始就对卖家提出了比较高的要求，在基础操作、规则、选品、物流、营销、数据分析、视觉美工、客服、支付等电商课题上，需要有不同于国内电商业务的视野和思考。

作为直接负责卖家成长和培训的部门，速卖通大学从创立开始，就秉持"助人为快乐之本"的信念，面对市场日益急迫和汹涌的学习需求，在线上及线下，借助速卖通大学讲师团及全国合作机构、商会、院校的力量，帮助速卖通卖家提升和进步！

本书的编纂工作，集结了速卖通大学最为优秀的师资力量，他们以极端负责的精神，投入了大量的时间和精力。没有这些老师们的努力，就不会有本书如此高质量的出版！在此致以衷心的感谢！

由于电子商务时时刻刻都在高速进化，永远是 Beta 版本，本书的内容只是对应截稿时的速卖通页面、规则、数据和经验之谈。另外，由于水平有限，时间仓促，难免有不足之处，请各位同行及读者不吝提出宝贵意见和建议。

最后，愿此书能帮助所有从事跨境电商的朋友们取得更好的业绩！

速卖通大学　横刀

序言三

作为本书的编写组长，我非常荣幸受到阿里巴巴速卖通大学的邀请，代表速卖通大学为本书作序。

岁月里的很多偶然，凝结成生命中的一个必然。在本书即将面世之际，我必须感谢生命中的那些"桥"。

时光回溯到 2012 年，通过一家创业公司，我接触了电商设计这个行业。每天在高效完成公司的任务后，我都会和一些行业内的设计师沟通学习。在短时间内，从不同的朋友那里，我学到了代码知识和阿里平台旺铺设计的诸多技能。

当掌握这些技能后，外贸圈的朋友强烈建议我加入这个行业。当时，电商设计在国内平台基本都已趋于成熟，但能将中英文结合好的外贸设计人员却十分欠缺。无论是从社会趋势还是个人发展角度来说，加入外贸电商行业都是一个很好的选择。于是，我选择了阿里巴巴出口通平台。

因为技术方面的优势，我们团队很快就受到各方面的关注。其中对我有启蒙意义的，当属我的阿里巴巴卖家客服经理王芸，她建议我到阿里巴巴进行分享，一方面可以拓展设计业务，另一方面还可以结识更多的外贸朋友，拓宽外贸路线。

确实如此，我在接到很多卖家需求的同时，也认识了一些同时在做速卖通的朋友，这时我已经对外贸有了一定的掌握，对于这个新兴平台，我抱有极大的兴趣和信心。这次我主动请缨，申请加入阿里巴巴速卖通大学讲师团。

这是一个求贤若渴的团队，在这里我认识了对我有莫大帮助的小二横刀、卖家张峰老师等众多优秀的朋友。来自讲师团队的鼓励和帮助，更加坚定了我对跨境电商的信心。

2013 年 9 月速卖通正式开启了旺铺模式，为此我激动得连续几天都没有睡好。拿自己的店铺，反反复复地修改，不断尝试平台新增的功能。我知道，阿里巴巴速卖通视觉营销的时代来了。果不其然，速卖通的发展速度很快，仅仅一年之后，2014年 9 月，平台视觉板块又提高了一个层次，并开通了第三方装修模块。

平台技术的大力支持，让我兴奋不已，但同时也给身为外贸人的我们带来不少压力。我们需要在保证外贸业务正常经营的情况下，花费大量时间研究平台的板块功能。而这时市面上却很难找到一本正规、全面的，针对阿里巴巴平台设计的书，这也是从我做国内平台开始就一直有的一个缺憾。

时至今日，我终于明白，车轮滚滚，生命里的那些偶然，就是为了促成《跨境电商美工——阿里巴巴速卖通宝典》一书这个必然，所以感谢之前为此帮助过我的朋友！

由此，我们决心将外贸设计成长之路上的点点滴滴，以及实用技能分享给大家，让之后的卖家朋友无须再像我们一样走这么多弯路，能够更好、更快地成长起来。为此，我们日夜兼程。

在此也特别感谢为本书倾心奉献的各位作者（按章节顺序）：唐霞老师、张战旗老师、叶生辉（六小灵童）老师、安鹏老师，以及为本书提供经验分享的卖家刘靖老师。也在此感谢为本书提供宝贵建议的小二横刀和修鱼。

本书共分为 7 章。

1. 唐霞老师："速卖通店铺的客流量、买家停留时长、转化率、品牌认知度等，都跟页面的视觉效果有关。第 1 章将帮助大家重新认识'视觉营销'的定义和重要性，告知大家做好速卖通店铺有哪些必备技能。设计未动文先行，文案策划在视觉营销中就好比编剧兼导演的角色。第 2 章的文案策划涵盖了店名、店招、海报广告、产品分组、详情页的文案策划，重点讲述了详情页的文案策划。两章的内容融合了我 15 年跨境营销经验的心血，相信对大家一定有所帮助！"

2. 张战旗老师："有人说做网络销售就是卖图片，虽有夸张但也不无道理。图片是买家了解产品信息时最直观的方式，产品照片的品质直接影到产品展示的效果。一个速卖通店铺的整体风格，需要设计师来设计，但也离不开每张产品图片的拍摄。第 3 章我们将从产品拍摄过程中，如何选择设备、环境，如何布光、布境、构图及制作拍摄脚本等方面，来讲解如何拍出合格的产品照片。"

3. 叶生辉老师："当您准备将速卖通店铺开起来，或者将店铺做得更好的时候，学会用 Photoshop 将图片处理得比同行更漂亮、学会做出更吸引眼球的广告图并用来装修店铺页面，是您的必修课。专注美工教学 15 年的六小灵童，精心编写了第 4 章内容，通俗易懂、深入浅出地讲解了零基础速卖通美工、Photoshop 图片美化快速入门、广告图设计和页面设计技术。请读者注意学习方法：这是实操的技术，所以一定要记住边学边练，重复练习到融会贯通！六小灵童祝大家学有所成，学有所用！"

4. 安鹏老师："速卖通平台的不断完善，给我们提供了更加丰富的视觉展示方式。无论是从一个店铺首页的整体设计，还是从一个细微的按钮装饰，视觉的力量在平台上正发挥着积极而不可替代的作用。认真学习本书的各个章节，你会发现，在很多地方，我们能体会到它不仅是一本固化的教程，还蕴含着一种思考方式，告诉你如何因地制宜，如何举一反三。从第 5 章到第 7 章，我将带领大家，全面、辩证地理解和学习速卖通视觉之路。"

让我们每一位外贸人都在这里留下最灿烂的一笔！

祝愿各位读者及卖家朋友学有所用，马到成功！

速卖通大学讲师团　安鹏

目录

第 1 章

视觉营销

本章要点：

- 什么是视觉营销
- 视觉营销的重要性
- 视觉营销在速卖通的应用
- 做视觉营销的必备技能

1.1 什么是视觉营销

视觉营销，顾名思义就是在买家的视觉上下功夫，通过刺激感官引起买家的兴趣，使其产生对产品深刻的认同感和购买欲望，从而达到营销的目的。视觉是手段，营销为目的。视觉营销存在的目的是最大限度地促进产品（或服务）与消费者之间的联系，最终实现销售，同时提升视觉冲击和品牌的文化影响。

随着电子商务的发展，网购也越来越普及，越来越火热，网上开店的人数也越来越多。那么，对于电商卖家朋友们来说，该如何更好地理解视觉营销呢？如图 1-1 所示，借用这样一张图片，大家就不难理解了。

简单来说，就是通过刺激用户感官，让其产生想象、兴趣、欲望，最终认可、点击、消费，这被称为电商的视觉营销。用电商卖家朋友所熟知的关键词来说，就是"吸引眼球、激发兴趣、刺激想象、引导消费"。

图 1-1 视觉营销

1.2 视觉营销的重要性

大家都知道，视觉在人的五种感觉中占主导地位，能最大限度地影响人的思维判断。在实体店买东西，人们还可以通过听觉、嗅觉、味觉、触觉去感知产品。但在网上买东西，只能通过视觉来判断产品的好坏，然后决定要不要买。所以，网店的视觉对营销目标的影响重要性占比 100%，做好网店的视觉营销尤其重要！

视觉是人类接收外界信息的最重要渠道，引起买家注意，唤起买家兴趣，激起买家购买欲望，促进买家采取购买行为，是视觉营销的目的和重要性所在。要制造这种视觉营销效果，第一个步骤就是要引起买家注意，这主要是建立在视觉冲击力的基础上。通过视觉冲击，以引起买家的关注，继而促使买家对销售的产品抱有积极肯定的态度，激发买家对产品产生强烈的拥有的欲望，即产生较为明确的购买动机，最后运用一定的成交技巧来促使买家进行实际购买。由此可见，视觉是一种影响消费者行为的重要先决因素，其根本目的就在于塑造网络店铺的良好形象和促进销售。

具体来说，做好视觉营销，对店铺有以下几大好处。

1. 吸引买家眼球，提升店铺客流量

美的事物总是能吸引人们的注意力，就好比男生对美女，女生对帅哥天生不具备"免疫力"，情不自禁地想要多看两眼。在网上售卖产品，卖家朋友们必须使用色彩、图片、文字等来"包装"产品，给产品赋予美感，从而更多地吸引买家点击。

在网上店铺中，能够带来点击量的图片主要有产品主图、Banner 广告、关联图片等。如图 1-2、图 1-3 所示，我们来看看这两组速卖通主图，对比之下，大家觉得哪一张更能吸引买家点击，带来更多点击量呢？

图 1-2　主图对比 1

图 1-3　主图对比 2

2．唤起买家兴趣，让买家停留更久

当买家进入我们的网店或者产品详情页后，卖家需要做的就是如何唤起买家的购买兴趣，让买家停留更久。好的店招、Banner 或者产品详情页的首屏图片，往往都能激发买家的购买兴趣，让买家在店铺或产品页面停留得更久，促使成交的概率也就更大一些。

如图 1-4 所示，图中使用的广告语是"The Fastest Android Head Unit"，表达的卖点是"快"，其下方的 3 个参数跟"快"也都是有一定联系的，这样会促使关注系统运行速度的买家进一步了解产品到底能快到什么程度。

图 1-4　卖点打造

3．刺激买家想象，提升成交转化率

科技的发展带来产品的创新，很多产品我们已经无法从外观和形状上去判断是用

来干什么的。比如说，你看到一支"笔"，它有可能是一个 U 盘；你看到一块"手表"，它有可能是一部手机。如果你的产品也是这样，无法从外形来判断它的功能用途，那么就需要用一些情景图片来告知买家它的适用人群和适用场景。

比如下面这组图片描述的是一个蓝牙手镯产品，它可以通过蓝牙与你的手机连接。当手机有来电的时候，手镯会以震动的方式提醒你有来电并显示出对方姓名，如果此刻你的手机尚在 5 米之外，那么可以直接打开手镯上的喇叭接听电话。而且它还有时间显示和手机防丢提醒功能。这样的一个产品，适用人群是非常广的，有商务男士、办公室白领、泡吧青年等，因此卖家做了下面这样一些图片，如图 1-5、图 1-6 所示。如果消费者是一位商务男士，看到图 1-5 或许会想起某次去运动的时候，手机放置在一旁，结果错失了一个能带来百万元订单的重要电话，那么他是不是会毫不犹豫地下单呢？对于母婴产品，选购产品的基本都是母亲，凡是能够让这些母亲联想到自己孩子的某些场景和经历的图片，都能促使更快地成交。

图 1-5　针对人群 1

图 1-6 针对人群 2

4．塑造店铺形象，提升品牌认知度

视觉营销还有一个非常重要的作用就是塑造店铺形象，提升品牌认知度。任何一个网络卖家，都希望自己的店铺名称或者自己的品牌能被买家记住，并能深入买家的脑海中。因此，在店铺的视觉营销中，做到色彩搭配、主色突出，风格统一尤为重要，如图 1-7 所示。

图 1-7 品牌形象

当然，视觉营销的重要意义和作用并不限于这几点，通过以上的图片举例，相信大家已经非常明白，做好视觉营销对网店的生意有着非常重大的影响。

1.3 视觉营销在速卖通的应用

对于速卖通卖家来说，视觉营销的关键在于店铺的整体装修设计和产品详情页的完善描述，充分利用视觉冲击、色彩调和、页面布局等来吸引买家，引导购买，促使成交。做得好的店铺，会用干净的界面让买家感觉舒服，用吸引人的图片和简单新颖的文案，告知买家应该做什么，在本店能得到什么。如果网店的布局让用户摇摆不定，给他们太多选择，也会赶走他们。若买家花了很长时间才能在网站上找到他们需要的信息，他将不会再次光顾你的网店。

那么，速卖通卖家该如何做好店铺的视觉营销呢，这里总结了以下 3 点供参考。

1. 制作高点击率的产品主图

绝大多数速卖通买家是通过搜索来选购产品的。买家能不能选中你的产品并点击进入详情页下单购买，如不考虑排名先后，其决定性因素就是你的产品主图。速卖通平台各大主要行业已开始对产品主图提出明确的要求，如果能在这个过渡期里快速做到使自己店铺的主图符合平台要求，不仅能排名优先，也能更好地吸引买家目光。

那么，当所有卖家店铺的主图都已经按平台的要求制作的时候，又该如何使自己店铺的主图更加突出呢？如图 1-8 所示：

- 带有屏幕的电子产品，可以在屏幕上"花点功夫"来展示产品卖点。
- 同一店铺的主图尽量做到风格统一，来提高买家对店铺或品牌的认知度。

方法还有很多，比如说，因精细工艺或者因材质面料而彰显品质的产品，尽可能放大主图清晰展示。总之，大家尽管使出浑身本领，让你的宝贝脱颖而出吧！

图 1-8　充分利用显示器

2．打造高转化率的详情页

速卖通买家通过搜索选中感兴趣的产品，点击主图进入产品的详情页面后，所有卖家期盼的下一步行为就是拍下并付款了。所以，买家最终能否下单付款，取决于详情页的产品描述，即详情页决定转化率。

那么，什么样的详情页才能更好地提升店铺转化率，促使买家拍下产品并立即付款呢？产品详情页的描述必须做到从买家角度出发。下面列举最关键的点。

- 提炼卖点，引起买家兴趣（如图 1-9 所示）。
- 展示细节，获取更高认知度（如图 1-10 所示）。
- 定位情景，让其产生联想。
- 利益引诱，促使买家下单。
- 关联产品，使其购买更多。

图 1-9　详情页展示 1

图 1-10　详情页展示 2

3. 设计超能"吸金"的店首页

当买家通过搜索进入到产品的详情页后，如果感觉你的产品主图和详情页都还不错，那么买家无论决定买还是不买，都极有可能进入你的店铺进一步寻找其他合适的产品。买家进入店铺后，停留最久的页面往往是店首页，因此，店首页的装修设计是店铺装修的重中之重。

前面我们提到，买家进入店首页的意图是寻找其他合适的产品。如果买家进入店铺前已经拍下他所浏览的详情页产品，那么进入店铺后就有可能购买更多；如果买家在没有拍下产品的情况下进入店首页，那他就是为了寻找性价比更高的或者能令他满意的产品。总之，具有视觉营销效果的店首页能够让买家情不自禁地掏钱购买，让卖家源源不断地"吸收"美元。

那么，速卖通的卖家朋友们该如何设计各自网店的店首页，获取源源不断的美元呢？我们不妨把进入店铺的买家分成两类：一类是带有明确购买目的的买家，有着非常明确的购买需求，对于这类买家，卖家朋友们要善于设计左侧的产品分组、顶部的产品搜索或者首页的产品分类导航，以方便买家快速搜寻到他想要的宝贝；还有一类就是没有明确购买目的的买家，要善于利用首页的 Banner 广告、产品推荐、新品预售等板块，并诱之以利，激发买家的潜在需求，使其购买。

店首页的设计布局主要包含：店名设计、店招设计、分类分组、Banner 广告、产品推荐、自定义板块等，后面的章节有详细的介绍，这里就不多说了。速卖通店铺后台的装修市场也有很多非常实用精美的装修模板可供选购，卖家只需选择适合自己的，然后往模板里面填充图片或者文字就行，模板如图 1-11、图 1-12 所示。

图 1-11　模板 1

图 1-12　模板 2

1.4　做视觉营销的必备技能

随着电子商务的发展壮大，网店之众多，货品之繁杂，也让买家的选择余地大了很多，相比之下，给卖家的压力无疑也大大增加了。要想突破重围，不花任何广告费，也能因网店装修布局引来新的访客，这时，视觉营销就显得非常重要了。

对于速卖通卖家来说，做好视觉营销，需要的不只是好的产品，更重要的是要有懂视觉营销的人才或营销团队。伯乐常有，千里马难求！在电商已经发展到白热化，竞争非常激烈的今天，电商人才尤为短缺。一个好的视觉营销人员，需要的技能非常全面，必须懂得"图片处理"和"网页设计"，还能熟知"拍摄技巧"和"网络营销"，这样的人才，可遇而不可求，遇上了就好好珍惜吧！事实上，现在的高校，就连"平面设计"与"网页设计"都是两个不同的专业，而大多数电商企业主管视觉这一块的人员能做的也就是图片美工，连平面设计都谈不上，更别说网页设计和营销技巧了。这就是为什么做得好的网店，做到一定规模后都会有清楚的岗位划分，如文案策划、产品拍摄、图片处理、网店装修、运营销售等，各个岗位都有专人负责。

速卖通大学组织编写本书，是以速卖通网店视觉营销的实际工作为依据。你并不需要掌握"平面设计""网页设计""摄影""电子商务""市场营销""商务英语"等专业类课程的全部知识，而只需要学会其中一些重要的知识和技能。例如：图片处理只需要学会用 Photoshop 裁图、修图、调色与图像合成技术，产品拍摄只需要学会环境搭建、拍摄、构图、布光等基本技巧。

总之，做好速卖通的视觉营销，主要从以下几个方面着手：

- 视觉营销之文案策划。
- 视觉营销之产品拍摄。
- 视觉营销之图片处理。
- 视觉营销之详情页设计。
- 视觉营销之店铺装修。

卖家大致需要掌握的技能参照表 1-1。

表 1-1　卖家需要掌握的技能

视觉营销必备技能	文案策划	店招文案策划
		广告文案策划
		产品详情页文案策划
	产品拍摄	摄影器材的选择与使用技巧
		产品拍点分析
		产品拍摄技巧
		照片存档管理
	图片处理	图片处理
		广告图设计
		页面设计
		图片切割
		图片存档管理
	店铺装修	店首页规划&布局
		店招模块
		轮播海报
		自定义板块
		第三方装修板块

第 2 章

视觉营销之文案策划

本章要点：

- ■ 文案策划的概念
- ■ 文案策划于速卖通店铺的应用
- ■ 营销型文案策划的几个注意事项

2.1　文案策划的概念

在广告学中，文案与策划应当是两个相互联系但迥然不同的专业，只是受制于我国各行各业普遍的公司小型化现状，所以才产生了文案策划这种"复合型专业人才"。尤其对于电商企业来说，岗位分工也不可能那么细，为节约成本，企业特别需要既能编写产品文案又能策划广告活动的复合型人才，于是文案策划就应运而生了。

电商企业的文案主要是产品详情页的文字内容，或者营销图片、视频中的旁白与说明，具体有：广告语、广告标题、内文等，总之就是一切写给买家看的东西。而电商企业的策划，应该分为营销策划和文案策划。营销策划主要考虑怎样做营销广告及营销活动，比如买家群体分析、营销数据分析、网站页面布局、营销活动策划等；而文案策划主要考虑的是广告文案的策划，比如说传达对象、传达重点、创意构思、情景设计等。在电商企业里，营销策划的工作通常由运营人员或者营销人员负责，而文案策划的工作就得由文案策划人员来承担了，这也是为什么本书中会选用"文案策划"一词来对"文案"做更好的诠释和定义的原因。

电商文案，强调的不是要像散文那样优美感人，也不是要像小说那般曲折动荡，我们要的，是如何在最短的时间内，吸引买家眼球，激发他们的兴趣，引导点击，产生购买。因此，电商企业需要的文案，是一种有思想策略的表达，不需要华丽的修辞，而是用最简单直白的语言来影响用户的感受，比如说简单地描绘出用户心中的情景，语言简单，直指利益，让读者心中充满画面感。设计未动文先行，电商企业的文案必须与策划相结合，从买家的角度出发，才能够更好地打动买家，达到营销的目的。

更通俗一点来说，文案就是文字内容，策划就是通过文字内容来塑造一些画面、情景，刺激买家感官让其产生联想，从而唤起买家的兴趣。网络营销中，所有图片的设计都必须先从文案入手，就好比说，所有电影电视的拍摄都必须先有剧本。美工在制作图片前必须先拿到一份营销文案，清楚其要传达给消费者什么样的信息，并以文字内容为依据来配图。因此，视觉营销中的文案策划人员是非常重要的，就好比是一个编剧或导演的角色。

2.2　文案策划于速卖通店铺的应用

前面我们说到，电商的文案策划人员就好比一部影视剧的编剧或导演。那么，对于在速卖通平台销售产品的卖家来说，文案策划的工作具体有哪些呢？速卖通店铺的文案策划工作主要涉及店名、店招、海报广告、产品分组、详情页等。

2.2.1　店铺名称策划

店名一定要通俗易懂，简单易记，琅琅上口。经营多品类产品的店铺，店名要简单大气，如 Tomtop、Center-Mall；如果是品类单一的店铺，店名最好跟产品有一定的关联性，比如说把产品的关键字词包含其中，如 Hotaudio、Umode Jewelry。

2.2.2　店招文案策划

店招首先要做好产品、品牌、买家群体的定位，通俗点来说，就是让人一看就知道是卖什么的，适合什么样的人买，是专卖店还是百货超市。其次店招要充分体现出店铺的优势，并辅以一句让人过目不忘的广告语。

具体来说，在策划店招和撰写店招文案的时候，我们可以从以下几个点来发挥。

店铺的定位：包括产品定位、品牌定位、买家群体定位、价格定位等。只有做好店铺的定位，才能更精准地吸引买家进来购买，并将其转化成经常回头购买的老买家。如图 2-1 所示，店铺的定位就是做 OBD 领域的 NO. 1。

店铺的卖点和优势：店招一定要能体现出店铺的主要优势，比如经营的是品牌类产品，比如可做个性化订制，比如支持海外仓发货（如图 2-2 所示），再比如是厂家直销，等等。

店铺最近的营销活动：店招所处的位置即店铺的黄金广告位，因此，在一些重要的营销活动前期，卖家往往都会更换店招，针对即将开始的营销活动进行预告和宣传，图 2-3 是针对"8.25"无线端大促销特制的店招。再比如，"双十一"大促销、每年 3 月份和 8 月份的平台大促销，还有一些店铺会在不同的季节自行设置一些营销活动，这些活动都可以在店招上进行广告。

图 2-1　店招 1

图 2-2　店招 2

图 2-3　店招 3

2.2.3　广告文案策划

广告在这里表达的意思即海报广告，这些广告图片主要应用于速卖通的店首页，此外还有产品详情页的置顶广告、平台活动流量入口的广告图片、站外引流的广告图片等。

前面我们说过，任何视觉设计的最终目的都是营销，广告图也不例外。那么，要设计一张具有营销效果的广告图片，我们又应该从哪些方面来着手呢？

爆款打造：即单品推荐。店铺爆款的广告一般都会考虑放置在店首页的滚动 Banner 做推荐，以及在详情页的置顶位置做关联营销。爆款的广告需要传达的关键信息往往就是物美价廉，所以文案策划只需要抓住价格的吸引力和产品的关键卖点就行了，如图 2-4 所示。

品类推荐：品类推荐指的是针对店铺主营产品类目的推荐，把流量导入到店铺最有优势的产品分组中，从而提升店铺的转化率。因此，品类推荐的文案策划需要把握的是该类产品的共同优势，以及流量和转化率较高的产品的优先展示，如图 2-5 所示。

活动广告：如促销活动、清仓甩卖、新品预售等的广告。活动广告强调利益引诱，所以一定要清楚地传达能给消费者带来什么样的利益，比如让利促销和清仓甩卖，常用的文案描述就是"US\$69, Save US\$30"或者"US\$49, US\$99 50% Off"，如图 2-6 所示。如果是新品预售，利益诱惑除了价格外，更重要的是要传达"新"在哪里，要重点宣传产品的创新卖点。

图 2-4　价格吸引力

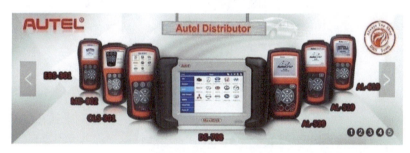

图 2-5　品类推荐

图 2-6　让利促销

2.2.4　产品分组文案

　　之所以特别提及产品的分类和分组，是因为前面强调过，店首页的布局设计必须具备能够帮助买家快速找到适合产品的作用，为了达到这一目的，店铺的分类导航和产品分组非常重要。如图 2-7 所示，产品的分类分组方法有很多，主要依据买家的搜索习惯和产品本身的特点来定，比如按产品类目分，按功能用途分，按性别年龄分，按颜色尺码分，按使用场景分，按价格范围分，按品牌分……尽量使用热搜关键词，简单明了。同一个店铺也可使用多种分类分组方法，只要能够达到可以帮助买家快速找到适合产品的目的。

图 2-7　产品分类

2.2.5　产品详情页文案策划

　　通过对速卖通后台的数据分析，我们获知，90%以上的买家都是通过搜索进入产品详情页，然后再进入店铺的。因此，产品详情页是文案策划的核心所在，是重中之重！详情页的描述直接影响消费者的购买决定，是买家进入页面后能否成功完成交易的关键。

想象一下，平时我们去逛街购物的时候，是一种什么样的心理变化过程？我们决定进入一家店铺，一定是因为该店铺所陈列的某些产品吸引到了我们，或者是我们从橱窗产品的陈列判断出这家店铺有符合我们需求的产品，已熟知的店铺或品牌除外（这跟网上消费者通过主图点击进入产品详情页是同样的心理）。进入店铺后，遛跶一圈如果发现没有我们想要的产品，就会抬腿走人（在网店里我们称之为跳失）。反之，如果对某件产品很有兴趣，就会停留下来做进一步了解（在网店里我们称之为停留时长，买家停留时间越长，就代表越有希望成交）。当买家在某件产品面前停留下来的时候，实体店的服务员都会赶紧上前，做一番介绍和说明，解答买家所提出的问题（即答疑解惑，打消买家心中疑虑，建立信任的过程）。当服务员判断买家已经表现出浓厚兴趣的时候，就会尝试推荐一些其他产品，并告知买家多买几件可以有折扣或者会员优惠等（在网店里称之为关联营销）。

从以上举例说明来看，产品详情页的文案策划必须层层剖析买家心理，从上到下，依次呈现出能迎合买家心理需求的视觉内容，层层递进，让买家越看越喜欢，越看越想买！因此，详情页的文案策划，依次需呈现的内容有：

- 留住买家——卖点提炼。
- 打消疑虑——细节展示。
- 促使成交——利益引诱。
- 购买更多——关联营销。

那么，产品详情页的文案到底怎么写呢？我也看过不少关于营销型文案的网络文章和书籍，再结合自己的经验，给大家总结了以下几点。

1. 卖点提炼：塑造视觉感，引起买家兴趣

卖点提炼的文案必须写得让读者一眼就能看出产品区别于其他同类产品的地方，引起买家的好奇心，尤其是最新上市的产品。

比如说，有一款手机区别于其他手机的特点就是"夜拍能力超强"，文案人员为了表达这一不同特点，写一句"能够拍星星的手机"，就能引起买家的兴趣，让人想起"在璀璨星空下拿起手机拍下美妙星空"的情景。

优秀的文案是关于用户感受的设计，而不是单纯的文字设计。什么样的表达更加容易被用户感受和理解？就是能让人看到后联想到具体的情景，能够塑造视觉感的文

案。但是我们看到的文案大多数写得非常抽象和模糊，让人不知所云，举例如下：

航拍飞行器："飞翔精灵，空中记录美丽瞬间！"

Mp3："纤细灵动，有容乃大！"

传统手工面："传承制造经典！"

同样的产品表达同样的意思，如果加入有"视觉感"的描述，效果就显著不同：

航拍飞行器："PHANTOM2 VISION - Your Flying Camera（会飞的照相机）"（大疆无人机广告语，如图 2-8 所示）。

Mp3："1000 songs in your pocket（把 1000 首歌装进口袋）"（iPod 广告语，如图 2-9 所示）。

传统手工面："小时候妈妈的味道"。

图 2-8　无人机广告语　　　　　　　　　图 2-9　iPod 广告语

产品详情页的文案，开篇必须紧抓产品的主要卖点，配以相应的情景画面，当买家点击进来后，在首屏的视觉内容中就能感到内心的触动，产生进一步了解的兴趣。对于一些功能性比较强的产品，因功能较多，其卖点也比较多，为了让买家快速了解到其主要的功能卖点，可以参考和借鉴如图 2-10、图 2-11 所示的描述手法。即在详情页的首图后面，紧跟着用一张拼接的功能预览图先让买家获知产品的主要功能，后面再用大图进行详解，如果买家对其功能卖点有兴趣，就会继续往下翻看。

图 2-10　预览图 1

图 2-11　预览图 2

2．细节展示：分解产品属性，获取更高认知度

消费者选购产品有两种模式：低认知度模式（不花什么精力去思考）和高认知度模式（花费很多精力去了解和思考）。

电子商务发展初期，大部分消费者对产品的认知处于"低认知度模式"，他们懒得详细了解和比较，而是简单地通过价格、颜色、款式、是否是品牌等来判断。随着电子商务的发展，竞争也越来越激烈，在低认知度模式下，消费者只会购买一些价格便宜的日用消费品，或者是已被认知的品牌产品。比如说"日本产的、德国产的就是好！""这个是品牌产品，质量和服务肯定比其他家的好！"在这种情况下，小品牌是打不过大品牌的，因为消费者直接通过"品牌"来推测产品质量，而不是详细比较产品本身。

怎么办呢？应该把消费者转变为"高认知度模式"，让他们花更多的时间和精力来比较产品本身，而不是简单地通过品牌和产地来判断。而"分解产品属性"就是一个很好的方法，可以让消费者由"一个模糊的大概印象"到"精确地了解"。我们知道，小米就是这么干的。小米的产品文案一直是被大家认可的，先是给我们普及了CPU、GPU 等知识，到了小米 4，竟然开始给我们普及材料学知识，比如："小米 4，奥体 304 不锈钢，8 次 CNC 冲压成型"。

网络上销售的产品，消费者只能通过视觉感官来判断。因此，所有销售平台都要求卖家对产品的描述必须真实并能全方位地展示产品，即要求必须有细节图的展示。那么，在细节展示上，如何分解产品属性，获取买家更高认知度呢？从小米的例子中，大家应该明白，所谓的分解产品属性，就是将产品的功能、用途、材料、技术、工艺等属性进行分解，用量化的文案，搭配能让人产生联想的画面，从而给买家留下深刻的印象，如图 2-12、图 2-13 所示。

图 2-12 细节图 1

图 2-13 细节图 2

为了获取买家对产品更高的认知度，除了产品属性分解以外，常常还会用到"对比"及"情景关联"等手法。

对比手法：比如与竞争对手产品的对比，升级换代后的产品与上一代产品之间的对比，如图 2-14、图 2-15 所示。

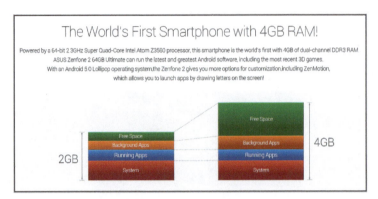

图 2-14　对比图 1

NAVALLUTION 1, 2 and 3

	Navall 1	Navall 2	Navall 3
Operating System	Android 2.3	Android 4.2	Android 4.4
Processor	1.0 GHZ	1.6 GHZ	1.8 GHZ
CPU	Dual-Core A8 chipset	Dual Core A9 Cortex	Quad Core A9 Cortex
RAM	512 MB	1 GB	2 GB
NANDFLASH Memory	4GB	8GB	16GB
Resolution	800 x 480	800 x 480	1024 x 600
Capacitive Screen	No	Yes	Yes
Translucent Icons	No	No	Yes
Wifi	Built OUT	Built IN	Built IN
DSP	11 Channel	9 Channel	3 Channel
Subwoofer Control	Yes	No	Yes
Bluetooth	2.0	2.0	3.0
A2DP Streaming	Yes	Yes	Yes
Phonebook	Yes	Yes	Yes
High Quality BT Mic Available	No	No	Yes
OBD2 Compatible	No	Yes	Yes
IPOD/IPHONE	Yes	Yes	Yes
TPMS Port Plug and Play	No	No	Yes
DVR Camera Plug and Play	Yes	Yes	Yes
Steering Wheel Controls	Yes	Yes	Yes
Mirror Link	No	No	Yes
DVR Camera Plug and Play	Yes	Yes	Yes
Rearview Camera Auto Switch	Yes	Yes	Yes
Glonoss GPS Compatible	No	No	Yes
Antutu Test		20399	28699
On Screen Operating Manual	No	No	Yes
External DVD /Hard Drive possible	No	No	Yes

图 2-15　对比图 2

情景关联：比如把产品定位到使用场景中。

当人们被要求描述一款产品时，大部分人首先想到的是：这是一个××（定位到产品属性）。

有些人还会想到：这是一款专门为××人群设计的产品（定位到人群）。

其实还有第三种：这是一款可以帮你做××的产品（定位到使用情景）。

实际上，针对互联网产品的特点（品类复杂、人群分散），你应该更多地把产品定位到使用情景，即用户需要用我的产品完成什么任务。比如，这是一款智能无线路由器（产品类别），可能很多人不知道它是什么。如果把文案写成："你可以在上班时用手机控制家里的路由器自动下载影片"（使用情景），买家就有可能心动。所以，最重要的并不是"这是什么"，而是"消费者能用它来做什么"，如图 2-16 所示。

图 2-16　使用场景

3．利益引诱：指出利益，从买家出发

这里谈到的利益引诱，重点不是优惠打折，不是"买一送一"，也不是"满立减"。而是指把产品的利益点说出来，比如这个产品具体可以给买家带来什么好处。如图2-17 所示，就是使用 FAB 原则（第 2.3 节会讲到 FAB 原则）来组织语言，阐述产品能给买家带来什么样的好处。

图 2-17　利益引诱

　　无数销售员败在了这一步，他们详细地介绍了产品，但是买家抱怨说："你说的这些特点都不错，可是对我来说有什么用呢？"如果想写出好的产品文案，就需要转变思维。不是"向对方描述一个产品"，而是"告诉对方这个产品对他有什么用"。比如说在描述 iPod 的轻薄小巧和大容量的时候，用的是"1000 songs in your pocket"。假如你是卖移动电源的，同样在描述其大容量的时候，你写"超大容量，20000 毫安"，用户是完全没有感觉的。但如果你写成"Can charge your iPhone over 6 times"（可以给你的 iPhone 充电 6 次以上），用户马上就能明白了。

　　当然，在展示完产品细节后，为了促成交易，卖家所使出的"利益诱惑"也有很多解数，比如：

买家好评：王婆卖瓜，都会有"自卖自夸"的嫌疑。如果放入一些买家对该产品的好评截图，那效果就不一样了。买家的真实好评，会更具诱惑力，更容易被信服并促成交易！

价格优惠：包括折扣优惠、"买一送一"、"满立减"、会员优惠等。任何买家都有"贪小便宜"的心理，所以，详情页里展示完产品后，再提醒一下买家有什么样的价格优惠，其诱惑力是不可抵挡的！

4．关联营销：关联搭配，提升客单价

买家通过产品搜索进入详情页后，大多会有这样两种反应：

第一种情况是买家浏览完整个页面后对产品十分满意，接下来就会返回顶部去购买或加入购物车准备付款，这种情况下我们要做的关联营销就是让买家购买更多，所以通常会在详情页的末尾加入可搭配使用的关联产品，以及加入一个让买家进入店铺的图片链接。请注意是"可搭配使用"，比如卖电子产品可搭配相关的配件，如存储卡、保护膜、保护套等，卖衣服可以搭配上衣、下装、外套、围巾等。

第二种情况是买家进入页面后发现产品不是自己想要的，或者看到一半后对产品不满意，就有可能关掉页面，此种情况下我们要做的关联营销就是加入一些可类比的产品或转化率高的产品，把买家留在店铺里面。因此，这类产品的关联一般会放在详情页的顶部，或者展示完产品主要卖点后的中间位置。这里所说的可类比指的是价格类比、功能类比等，比如价格差不多但功能更强大，或者功能差不多但价格更低等。

当我们了解了买家进入页面的行为习惯后，就不难策划出好的关联营销文案和图片了！

相关性产品的关联：如图 2-18 所示，一般选择放在详情页的页尾（也有放在页首的，位置请自行调整，视最终效果而定），并结合优惠券及"满立减"的设置来促使买家购买。因为对很多买家来说，买了衣服就要考虑买条裤子或裙子搭配，买了手机就要想着买一个贴膜及一个手机保护壳。如果能在同一店铺里买到这些，就不必再浪费时间去搜索选购，这时配件的价格适当卖高一点买家也不在乎了，卖家却可以从配件中获取比较好的利润。

可类比产品的关联：建议放在详情页中间位置，以"对比"的手法来呈现，如本章中图 2-15 的卖家在对比的表格后面就分别关联了 Navall 1、Navall 2、Navall 3 这三

代产品，就如苹果店同时卖 iPhone 5S、iPhone 6、iPhone 6S。我们知道，通过关键词搜索进来的买家，有的消费能力高有的消费能力低，有的追求功能强大有的追求功能简单，有的追求外观新颖有的追求功能实用。为了尽可能满足更多买家的需求，对于一些搜索量大的产品，在选品时我们可以适当考虑提供 2～3 个不同价位、不同功能、不同品牌的产品与之关联。

热销产品的关联：如图 2-19 所示，多用于店铺爆款打造，一般选择放在详情页的页首展示。其文案策划要偏重于展示所推荐产品的优势和卖点，就好比前面所说的海报广告。

Official Standard	1x Lenovo S60+1x Charger+1x User Manual+1x Micro USB Cable
Add Silicone Case	Offical Standard+1x Silicone Case(Random in color)
Add 16GB TF Card	Offical Standard+1x 16GB TF Card
Add Mofi Flip Case	Offical Standard+1x Mofi Flip Case(Random in Color)
Add EU USB Charger	Offical Standard+1x USB EU Charger
Related Accessories:	TF Card (8/16/32GB) $5.77-23.77/piece Dual USB EU Charger $6.77/piece Xiaomi Piston III $24.99/piece Mofi Flip Case $7.99/piece

图 2-18　相关性产品关联

图 2-19　热销产品关联

2.2.5 小节所述的策划文案的原则是，详情页的描述自上而下依次要解决"留住买家——打消疑虑——促使成交——购买更多"这 4 个问题。针对产品详情页要解决的这 4 个问题，也有不同的文案表述方法，但这些方法是没有固定顺序的，甚至在一张图片或一段描述中，可以同时运用多个方法与技巧，这样会更有视觉冲击力，更容易打动买家！

总之，文案策划最重要的是要善于研究和琢磨买家的心理，只有符合买家心理需求的视觉内容，才能够更好地达到营销的目的。因此，对于一个视觉文案人员来说，上班之余可以多看看心理学方面的书籍，同时多了解一下不同肤色、不同国家、不同民族买家的生活习俗及行为习惯。

2.3　营销型文案策划的几个注意事项

文案是编剧，策划是导演。但是，电商的视觉营销不是拍电视剧，不需要完整的剧情和过于煽情的画面。文案策划要做的只是真实地展示出产品的功能、用途、适合人群、适用场景等，所以文案策划更需要掌握的知识面是对产品的熟知、对市场的了解及对买家心理的研究。

视觉营销的最终目的是营销，所以，人们常把好的产品文案称为营销型文案。因此，这一小节我们来说一下营销型文案策划的注意事项。

1．7 秒定律

"7 秒定律"是由美国营销界人士通过数据调研总结出来的，即人们在挑选产品的时候存在一个"7 秒定律"：面对琳琅满目的产品，买家只需要 7 秒钟就可以确定其购买意愿。今天，在各大网络购物平台我们也都会看到"秒杀"一词已被广泛应用。

在电商竞争异常激烈的互联网信息时代，消费者搜索任意产品进入产品页面停留的时间都是用秒来计算的，如何让消费者在 7 秒甚至更短的时间内获取到最能够激发其购买兴趣的信息是关键，即人们常说的"视觉秒杀"。因此，做好视觉营销，"秒杀"是关键！

具体应该怎么做呢？

一屏论：如图 2-20 所示为上网设备的显示器，打开网页后所看到的全屏内容即"第一屏"。也就是说，重要的、关键的信息要放在第一屏的位置。

色彩营销：美国营销界人士总结的 7 秒定律中提到，色彩占有 67% 的决定性因素，所以要懂得善于用色彩来突出关键信息。比如在店铺的整体设计中，统一色调，会让买家有品牌认知感；店铺有促销活动时，用红色来标注价格和让利折扣，更容易让买家心动；一大段文字描述中，关键信息用不同色彩高亮显示，更容易吸引买家眼球，如图 2-21 所示。

好图胜千言，视频胜千图：相对文字来说，图片更能带入某种情境，让买家产生画面感；而视频更能让买家有"身临其境"的体验感。所以，产品详情页面的开篇要善于用好图片和视频。

图 2-20　第一屏

Key Features:
1. Newest OS: Android 4.4
2. Super Performance: 4 core Cortex A9
3. Wonderful Entertainment: Built-in WiFi
4. Very Fast Response: RAM 1G + RAM 8G
5. Multi-Points Capacitive Touch
6. Unique UI Design: Translucent Background gives a full-screen viewing
7. Support 2 Cameras: Front and Rear Camera
8. Support Glonass & GPS Dual Moudle Antenna
9. Support to control DTV/DVR on the screen (if buy Ownice DTV box & Ownice DVR)
10. Support to adjust the volume, play previous/next on Ownice Headrest Monitor

图 2-21　色彩营销

2. KISS 原则

KISS 原则是英语 Keep It Simple & Stupid 的首字母缩写，也有人称"懒人原则"。英文的直译是把事情弄得越简单、越傻瓜化越好，更通俗易懂的理解就是，要让白痴都会用，这也是用户体验的高层境界了。

KISS 原则是针对产品的设计来说的，指产品的设计越简单越好，简单就是美！然而，产品的文案设计也是一样的道理，需要把一些专业性的产品参数转化成通俗易懂的文字，把用户当成产品白痴来对待，前面我们列举过的案例如下。

- MP3 的超大容量和外观轻巧：1000 songs in your pocket。
- 移动电源的大容量：20000mAH: can charge your iPhone over 6 times。
- 智能无线路由器：可以在上班时用手机控制家里的路由器自动下载影片。

3. FAB 原则

FAB 分别是英文单词 Feature、Advantage、Benefit 的缩写。FAB 原则就是指在产品介绍中，将产品的属性（特性）、所具有的作用（优点）、能够给买家带来的好处（益处）有机地结合起来，按照一定的逻辑顺序加以阐述，形成完整而又完善的推销劝说。FAB 法则，是推销员向买家分析产品利益的好方法，也是文案策划中常会用到的营销方法。

FAB 文案语言的组织，看似简单，实际蕴含了很多技巧。首先，FAB 语言要有一定的逻辑性，让买家感到通顺、合理。其次是要有一定的感染力，塑造出画面感，才有可能真正打动买家。更进一步，就是要能迎合和贴近买家的感受，即通过文字内容所传达的感受，要能够切合实际，并能够碰触到买家心底最柔软的地方。表 2-1 中所列举的三个例句，正好是对上述三个不同层次的表达的诠释。

表 2-1　FAB原则文案

产　品	Feature（特性）	Advantage（优点）	Benefit（益处）	举　　例
沙发	真皮的	柔软	舒服	这条沙发是真皮的，非常柔软，您坐上去会非常舒服。
T恤	纯棉的	吸汗透气	舒适，对皮肤好	这件 T 恤是纯棉的，吸汗透气，您穿着去打网球会非常舒适，对皮肤也是最好的
连衣裙	修身板型	展示女性身体曲线	漂亮迷人	这条连衣裙是修身板型的，能完美展示出女性身体曲线，您穿上去一定会非常漂亮迷人，获得更多男性的青睐

第 3 章

产品拍摄与流程规划

本章要点:

- 产品图片的重要性
- 拍好图片更需要策划
- 拍摄常识
- 布光
- 产品陈列构图
- 照片管理与处理
- 一款女包拍摄规划案例

本章讲产品拍摄过程，从如何选择设备、环境，以及布光、布境、构图、制作拍摄脚本等方面来讲解如何拍出合格的产品照片。

3.1　产品图片的重要性

网络销售过程中，产品照片是直观的展现方式，产品照片的品质直接影响买家对产品及品牌的印象。在产品属性、品牌、价格等一样的情况下，图片质量好的产品，更容易被买家所接受。

3.2　拍好图片更需要策划

有朋友感叹购买了装修模板或做了简单的装修，但网店看上去还是很乱，没有统一的风格。其中最重要的原因就是，产品照片的风格没有统一性。

所有的照片最终是要给买家看的，因此在拍摄前期就要做好产品的人群定位，即拍的照片给谁看，做好人群的美感特点和对产品信息的关注点分析，从而明确怎么拍和拍什么给买家看。所以在摄影时，手中的镜头就是买家的眼睛，只有从买家的立场角度出发去拍，才会拍出买家喜欢的照片。

拍照策划是个系统的过程，可以分为前期计划、中期执行和后期处理三个步骤，如表 3-1 所示。

表 3-1　拍照策划

阶　　段	准备事项
拍摄前期准备	产品拍摄要点分析
	选择相机、拍摄环境、灯光、道具
	照片的风格定位
拍摄中期执行	拍出清晰照片
	根据材质布光
	陈列构图
拍摄后期管理	挑片管理
	图片处理

3.2.1 拍摄前期准备

在开始拍摄前要对产品的拍摄要点（卖点）做仔细的分析，对相机、拍摄环境、灯光、道具做好充分的准备，对拍摄风格也要有定位。

1．产品拍摄要点分析

任何产品都具有它自身的商业价值，我们将产品的价值点，也就是我们常说的卖点，拍摄展现出来，让买家能清晰明了地看到其价值。因为拍摄的照片是用来发布产品的，所以也要和美工、产品经理沟通分析如何拍摄。另外拍摄的时候要学会换位思考，想象一下自己作为一个买家在挑选一个产品的时候会关注哪些角度和细节，在拍摄时不仅要把我们产品的卖点展现出来，更要把买家关心的东西也展现出来。同时也要考虑到，速卖通平台六张主图的展现需求，并且需要对第一张图片有一个统一的标准。

下面以一款假发的拍摄为例做一个分析。首先我们看到假发的实物，然后按其实物整体、模特图、细节、使用说明、其他信息来分析其拍摄要点，如表 3-2 所示。

表 3-2　拍摄要点

项目	实物图	模特图	细 节	款 色	使用说明	其 他
拍摄要点	手拿拍摄（垂直、托起）、静物台（平铺，挂拍）、实外自然光下拍摄	正面、侧面、背面	包边、发梢发丝、中间发丝、重量、长度	直发、波体	长度说明、洗护演示、买家秀	外包装、生产车间、仓库图、资质证书、团队展示

通过对产品的分析，结合我们在做宝贝描述页时要体现的信息，上面详细罗列了要拍摄的内容。按照这样的要求去拍摄时，目标就明确多了，拍起来也会效率大增。

2．相机选择

当我们确定好产品的拍摄点后，接下来就要选择拍摄的工具和场地了。相机是拍摄的必备工具也是关键工具，目前常见的相机大致可以分为卡片相机和单反相机，如图 3-1 所示。卡片相机具有小巧轻便、全自动、拍照简单并且价格便宜的优势，缺点是成像质量一般，大多数没有手动功能。单反相机的优势是可以设置各项拍摄参数，如 ISO、光圈、快门等，以达到最佳的成像效果，成像的效果和质量要比卡片相机好，缺点是价格较贵，要有一定的摄影基础才能设置操作。

卡片相机　　　　　　　　　　单反相机

图 3-1　卡片相机与单反相机

　　用卡片相机还是单反相机呢？这要根据我们的拍摄要求、经济条件和对摄影知识的了解程度来选择，如果追求高品质的拍摄效果，条件许可的情况下建议购买单反相机，因为单反相机的可操作性、成像效果比普通的卡片相机有明显的优势。

　　在选购数码相机时，不要只看相机的像素数，像素数只代表可拍摄照片的尺寸大小而不是清晰度。

　　因为我们在速卖通产品拍摄过程中，经常要对产品细节做特写拍摄，所以相机最好具备微距功能，微距功能的标志和拍摄效果如图 3-2 所示。

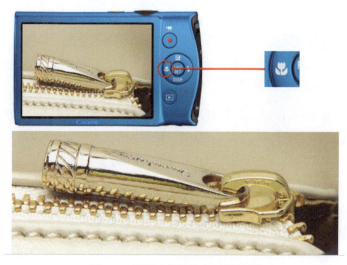

图 3-2　微距功能标志与拍摄效果

3. 拍摄环境

拍摄环境可以分为室外自然环境、室内自然环境、室内摄影棚。拍摄的环境其实也决定了拍摄时的光线条件，同时不同的场地环境也可以起到对产品的衬托作用。

在拍摄前我们根据产品的大小、材质及拍摄的效果、后期处理等因素，选择最合适的拍摄环境，从而达到预期的效果。如图 3-3 所示，在静物台上拍摄详情页中用的白底图，在方便设计光线的同时，也方便后期的页面设计，而在室外自然光线下拍摄实物图，会给人更加真实的感觉。

图 3-3　室内外拍摄效果

室外自然环境拍摄的优点在于，有免费、充足的光线，灵活多变的场景，可以让产品有更丰富的表现形式，适合室外拍摄的产品有服装、箱包、鞋帽、户外用品等。但在室外拍摄时因为天气的变化，光线也会受到影响，这是不可控的。一般上午 8 ~ 10 点和下午 3 ~ 6 点，太阳光线柔和高度适中，为最佳拍摄时间。

室内拍摄有室内自然光、室内灯光等拍摄方式。在室内以窗外自然光作为主光源进行拍摄，优点是效果清新、自然、真实，缺点是易受天气变化影响。比较适合室内拍摄的产品有床上用品、厨房用具、卫浴产品、家居、室内装饰品等，如图 3-4 所示。

室内自然光拍摄的造型特点是，顺光利于展示被摄物体的平面形状，侧光利于表现被摄物体的立体形状，逆光利于表现物体的轮廓和环境气氛，顶光具有戏剧效果，角光一般表现被摄体异于常理的状态。

图 3-4　室内自然光拍摄

　　室内摄影棚拍摄最大的优势是光源的可控性，如光线的强弱、方向、色彩等。室内摄影棚拍摄是目前产品拍摄最常用的方式，基本上大到汽车小到钻戒都有摄影棚拍摄的案例。但摄影棚设备的购置是需要一定的投资的，根据产品拍摄对光线的需求，可以选择不同的摄影棚，如图 3-5 所示。

图 3-5　室内摄影棚

4．灯光

　　摄影不只是一门技术，更是光与影的艺术，好比是用光线来绘画。因此，要拍出好的照片，光线从某些方面来讲比相机本身更重要，大家可以看到早期的摄影师也能用廉价胶片相机拍出顶级的作品，可见光线对拍摄的重要性。那么我们在搭建摄影棚时，选用什么样的灯光设备是至关重要的。专业的广告摄影因广告创意及后期印刷等方面的需求，对光线的要求是非常严格的，专业广告摄影棚搭建起来要几十万至上百万元，而我们在网上销售的产品，主要是在电脑屏幕显示的，对印刷的需求较少。因此，我们要根据自己产品的特点和经济条件来选择，只要光线够用就可以了，不要刻意追求专业。

拍小件物品时，可以使用较小的柔光箱加上三基色灯泡，来组建一个入门级的摄影棚，如图3-6所示。可根据被拍物体的大小选择 40～150cm 大小的柔光箱，选择 145W 或更大功率的灯泡，色温 5500K 的三基色节能灯，装在台灯或灯架上就可以拍摄了。

图 3-6　柔光箱

中小型物品拍摄时，可以用到静物台，加柔光箱、摄影灯和支架，如图3-7所示。静物台由一个白色透光的塑料板和金属支架组成，可以很方便地拍出倒影效果，同时也可以方便地打底光和背光，让拍出来的背景更接近白色，减少后期的处理或抠图的工作量。柔光箱一般 3 个，可方便地进行布光，拍出不同的效果。考虑成本因素，这组灯可用 5500K 色温的三基色灯，一个柔光箱内 4 盏灯，总功率在 500W 左右，拍包包、鞋帽等中小件产品时足够了。

拍摄大物件或人像时，对摄影棚的要求就会高些了，主要以大功率闪光灯为主，对灯光功率的要求和色温的控制要求更高，如图3-8所示。闪光灯的色温一般都在 5000 到 6000K 之间，比大多数常亮灯要省电得多，色温也更接近自然光。在拍摄大件产品时，因为拍摄的空间比较大，所以对灯的功率要求也就大，一般在 400W 以上，当然功率越大可调控的范围就越大，价格也会越贵。要注意的是使用专业闪光灯时，相机要有安装引闪器的热靴或连接插孔。

图 3-7 拍摄用具

图 3-8 摄影棚，大功率闪光灯

5．道具

在拍摄过程中，需要用到背景布、衬托物和辅助拍摄的道具，也要提前做好准备。用来给实物做大小参照物的可以是手机、杂志等人们熟悉的物品，用来做辅助拍摄反光板。一条白线、一根曲别针、一朵花甚至一台跑车等都可以用来做道具。总之道具就是为了辅助拍摄，衬托产品气质。

3.2.2 照片的风格定位

当拍摄要点明确，设备到位后，还需要确定一下拍摄风格。如何来确定一件产品的拍摄风格？首先要从产品本身出发，考虑这件产品最终的消费者是谁，从消费者的民族文化、年龄特点、消费能力、价值观、审美观等方面分析，来确定拍摄的背景、整体色调甚至模特的选择。

同时还要考虑照片与其他同类产品照片的差异性，因为有很多同类产品，如果能从视觉上体现出与众不同的效果的话会更好。

目前速卖通产品整体的摄影风格可以归纳为：简洁型、时尚型、情景创意型。

简洁风格主要是纯色背景，一般以白色背景为主，产品主体以不同陈列方式展现，优点是整体效果干净明快，突出产品本身，如图 3-9 所示。白背景的照片也方便后期二次加工处理，如抠图、换背景等操作。如果整个页面全是白底图片时，在体现自己产品的视觉差异性时会差一点，但可以在摆放上发挥些创意。

图 3-9　纯色背景，简洁风格

时尚型风格在服饰、箱包、饰品等类目中最为常见，一般以时尚性感的模特加上恰当的背景来体现产品的时尚性，如图 3-10 所示。图片中不同内容的信息给人的吸引力是不同的，吸引力从强到弱为人物、动物、植物、风景、建筑物，尤其是人的面部和笑容是最能吸引注意力的，这也是用模特的一大原因。

图 3-10　模特风格

情景创意型风格，主要是将产品放在特定的环境中，或对产品进行创意摆放，添加陪衬物来营造氛围,从而达到烘托产品的商业价值、营造情感氛围的效果。如图 3-11 所示,皮手套的拍摄环境是在宝马车中,从而实现对手套品牌感的提升。

图 3-11　情景创意风格

如果对风格还是难以把握,建议去看看同类目或同行业中,销量或人气排名较靠前的产品照片的拍摄风格,这只是一个建议,因为销量的多少与促销力度和价格等因素有关,不完全是图片的因素。可以找出与自己产品相近,而且风格合适的图片进行收藏,以做参考,然后定出自己产品的拍摄风格。

3.2.3　正确使用相机,巧妙布光

有了好的策划和充足的设备后,就开始实施拍摄了。因为本章重点在于速卖通产品拍摄的流程规划,所以不对具体的摄影技术和技巧做过多的说明,只对摄影的基础知识,常用的布光、布景及产品陈列做讲解。

3.3　拍摄常识

照片合格的最基本标准是什么呢?在速卖通网站的产品照片中,最基本的是要达到曝光正确和对焦准确。要拍出曝光正确的照片,就要对相机成像的基本原理有所了解。影响照片曝光效果的因素有:光圈、快门和 ISO（感光度）,接下来我们关于这三个因素对照片曝光效果的关系做分析。

当光圈打开后,外面的景象就会映在相机的胶片或电子感光元件（CCD 或 COMS）上,并把影像保留起来,完成曝光成像。当拍照时按下快门,光圈就打开了,光圈大

小是可以调整的（如图 3-12 所示），光圈大小（小孔的孔径）用 f 来表示，光圈越大（孔径越大），在单位时间内进来的光就越多，曝光就会越强。当按下快门时，光圈（小孔）打开的时间长短，为称之为快门速度，用 s 表示，光圈（小孔）打开的时间越长曝光就会越强。

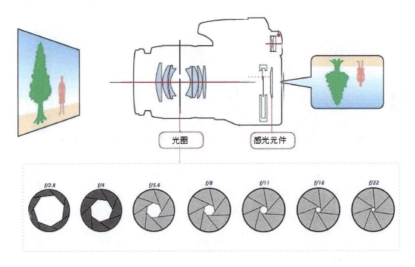

图 3-12　相机成像示意图

拍照的过程其实就是光圈打开一次完成一次曝光的过程，进光量的多少，造成的曝光效果会有所不同，除了与光圈大小（小孔打开的大小）、快门速度（小孔打开的时间长短）有关，还与另外一项参数 ISO 有关。ISO（感光度）即对光的敏感程度，常见的 ISO 值有 100、200、400、800、1600、3200，在光圈与快门速度不变的情况下，ISO 值越高曝光就会越强。如图 3-13 所示，在同一环境下，快门速度 s=1/50 秒，光圈 f=8 不变的情况下，ISO 按 100—200—400—800—1600 变化时曝光效果的变化。

| ISO=100 | ISO=200 | ISO=400 | ISO=800 | ISO=1600 |

图 3-13　ISO

当我们在较黑暗或光线不充足的情况下，光圈已是最大，快门速度也有所限制时，我们就可以通过调大 ISO 的值来达到曝光充足的效果。但是不建议用 ISO 大于 400 的值来拍摄，通过 ISO 100—200—400—800—1600 的变化，我们可以看到图片上的噪点或颗粒感明显增加，给人以模糊感，如图 3-14 所示。

图 3-14 ISO 与噪点

光圈值即按下快门完成一次曝光时，光圈打开孔径的大小，通过图 3-15 我们可以看到，表示光圈值的 f 值数字越大光圈孔径就越小，f 值越小光圈的孔径就越大。如图 3-15 所示，5 张照片在 s=1/50 秒，ISO=400 不变的情况下，调整光圈大小拍摄的效果。可以看到 f 值越大光圈越小，曝光效果越弱，f 值越小光圈越大，曝光也越充足。所以我们在拍照时，如果光线特别强烈，可以将 f 值调大，让光圈变小，减弱曝光，当光线不足时，可以将 f 值调小，让光圈变大，增强曝光效果。

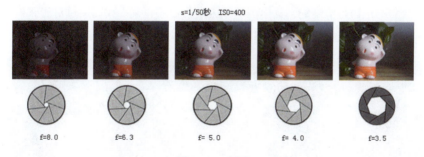

s=1/50秒   ISO=400

f=8.0   f=6.3   f= 5.0   f= 4.0   f=3.5

图 3-15 光圈

快门时间即光圈打开一次时间的长短，在光圈值、ISO 值不变的情况下，时间越长进光量就越多，曝光就越充足，反之就越弱。如图 3-16 所示，5 张照片在光圈值 f=3.5，ISO=200 不变的情况下，快门按 1/250 秒—1/100 秒—1/50 秒—1/30 秒—1/20 秒变化时，曝光效果由暗到亮的过程。因此可以得出，当外界光线特别强时，可以让快门速度加快，当环境光线较暗时，可以减慢快门速度。需要注意的是，相机里快门速度的值是以数字显示的，其实是对应"数字分之一秒"，也就是说数字越大，光圈打开关闭的速度越快，进光量越少，曝光越弱，数字越小，光圈打开的时间越长，进光量越多，曝光越强。

f=3.5 ISO=200

s=1/250　　　　　s=1/100　　　　　s=1/50　　　　　s=1/30　　　　　s=1/20

图 3-16　快门速度

综上所述，要达到正确的曝光，除了增大或减小光圈大小、快门速度和 ISO 值，在光源可控的情况下，还可以调整光线强弱来达到预期的曝光效果。只要大家理解并掌握了光圈大小、快门速度、ISO 值和光线强度四者的关系，就可以轻松拍出曝光正确、亮度合适的照片了。

一张合格的产品照片，除了曝光正确外，还要清晰。对于摄影刚入门的朋友，经常会拍出如图 3-17 所示的照片，从曝光的效果上来看问题不大了，关键是模糊不清。首先看左边的一张，整体看上去都全是模糊的，原因是没有焦点。中间的图片有模糊的拖影，主要原因是拍摄时在按下快门的瞬间，相机抖动了。右边的图片主体模糊，但主体后面的植物是清晰的，其模糊的原因是焦点不正确。我们通过对三张模糊照片的分析，找到了造成模糊的原因，接下来就来解决它。

图 3-17　不同原因的模糊照片

其实要拍出清晰的照片并不难，只要掌握好两点就可以了：一是"准"，二是"稳"，即对焦准确和相机稳定。在拍照时，先将镜头对准要拍摄的主体，半按快门让镜头自动对焦，对焦后会有声音和颜色变化的提示，然后再移动镜头构图，屏住呼吸防止相机抖动，按下快门。在自动对焦的模式下，按这样的步骤就可以拍出焦点正确的清晰照片了。如果在光线不足、快门速度较慢的情况下，可以使用三角架或找个可以架靠的地方，以增强稳定性。

3.4　布光

室内拍摄由于不受天气和外界光线变化的影响，对光线强弱及方向的可控性好，是产品照片的最佳拍摄方式。摄影过程中布光是一个要点，也是个难点，虽然光是可控的，但是不同大小、材质的产品，不同数量、功效的灯光设备在布光时都是有区别的，这需要相对专业的技能学习和经验积累。本节针对产品拍摄的常见布光方法做介绍。

据光线的角度可分为顺光、侧顺光、侧光、逆光、侧逆光、顶光和脚光；从光线的性质特点来分光线有直射光、散射光和反射光 3 种；按光线的强度又可分为硬光、软光或散射光。光的角度和照射方式比较容易理解，而光的硬和软可能很多人没听说过。硬光是指强烈的直射光，如太阳光、直接照射的灯光，而柔光是散射光，如通过柔光箱的光、KT 板或墙壁反射的光。不同性质的光线在摄影中会起到不同的作用，产生不同的效果，要拍摄出吸引人的作品就必须准确掌握光线的运用。

如图 3-18 所示，两盏灯两侧 45 度打光，将电水壶的两侧打出高光，中间有明暗交界线，这样更能体现圆柱体的造型，同时壶身的金属质感也很好地体现出来。

图 3-18　两盏灯侧顺光

如图 3-19 所示，两盏灯从顶部 45 度角打光，整个球体受光均匀，阴影在侧下方，适合球体和平面的小产品拍摄，如拍摄服装的平铺照片、饰品及小件产品，不太适合立体感较强且有一定高度的产品。

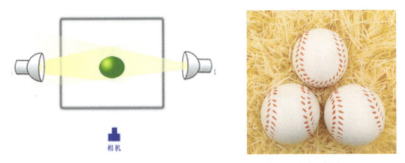

图 3-19　两盏灯顶光

　　侧光是摄影中使用频率非常高的一种光线。侧光可以分为前侧光、正侧光。前侧光是指摄影者的拍摄角度和光线照射人物的角度差 45 度左右。利用侧光拍摄，可以展现人物脸部的立体感；使用特写手法，可以突出人物脸部的表情神态。图 3-20 中的人物脸部曝光不足，给读者一种想象的空间，形成人物鲜活的特点。

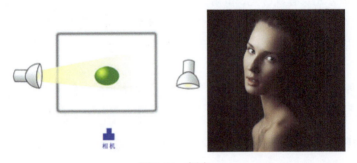

图 3-20　侧光

　　从产品背后打光，常用于透明体和毛发的拍摄，如酒杯、玉器、假发等产品的拍摄，如图 3-21 所示。

图 3-21　背后光

　　拍摄静止的产品不仅需要拍摄者对光影有充分的理解,还要有高度的灯光组织能力,我们可以针对上述三种类型的产品,在常用的布光方式的基础上增加辅助光源来进行拍摄,以此达到更好的产品展示效果。

1. 吸光体的布光方式

　　表面吸光的产品包括毛皮、衣服、布料、食品、水果、粗陶、橡胶、亚光塑料等,它们的表面通常是不光滑的,因此对光的反射比较稳定,即物体的固有色比较稳定统一,而且这类产品通常本身的视觉层次就比较丰富,我们为了再现吸光体表面的层次质感,布光的灯位通常以侧光、顺光、侧顺光为主,这样可以使其层次和色彩都表现得更加丰富。

　　如图 3-22 所示是我们在拍摄一个具有吸光表面的木质雕漆手镯时采用的布光方式,拍摄这类产品时,布光的灯位要以侧光、顺光、侧顺光为主,而且光比较弱,这样可以使层次和色彩都表现得更加丰富。

图 3-22　拍摄吸光体的布光方式

　　主灯位于手镯的右前方,闪光灯上可以加装反射柔光伞,这样做的目的是让照射面积比使用标准反光罩更小、更集中,其作用在于完整勾勒出产品的形状,使其更具有立体感。

　　顶灯位于手镯的左上方,这时,如果在闪光灯上加装一个柔光箱的话,可以使该产品均匀受光,并且能够有效地减弱主灯使产品产生的投射阴影。

2. 反光体的布光方式

　　反光体的表面非常光滑,对光的反射能力也比较强,犹如一面镜子,所以,拍摄反光体一般都是让其出现"黑白分明"的反差视觉效果。反光体多是一些表面光滑的金属饰品,或是没有花纹的瓷器,要表现出表面的光滑质感,就不能使一个立体面中出现多个不统一的光斑或黑斑,因此最好的方法就是采用大面积照射的光或利用反光板照明，光源的面积越大越好。

大多数情况下，反射在反光表面上的白色线条可能并不均匀，但必须保持统一性和渐变效果，这样才会显得真实，如果反光面上出现高光，则可以通过很弱的直射光源降低高光效果。反光体布光关键在于反光效果的处理，特别是一些有圆弧形表面的柱状和球形产品。所以，我们在实际拍摄中通常会使用黑色或白色卡纸来打反光，以加强它们表面的立体感。

图 3-23 中拍摄的产品里既有反光体又有吸光体，手机链和鲜花的制作材质是纺织品，属于典型的吸光表面，化妆镜和手机虽然表面都做了磨砂处理，但还是具有反光的特点，当然，和表面光洁度更高的金属饰品比起来，它们的反光度就小了很多。拍摄时要注意相机和拍摄者的倒影不要出现在产品的反光面上，否则就会出现黑斑。用大面积的柔光光源来降低产品表面反射的锐度，使产品的色调和层次更加丰富，准确地表现出光滑的表面质感。

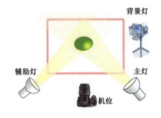

图 3-23　拍摄反光体的布光方式

主灯位于被拍摄产品的右前方，灯光照射角度为 45 度左右，闪光灯安装了柔光箱，布光时要特别注意闪光灯照射的角度对手机金属边和化妆盒表面带来的反光影响。

辅助灯位于被拍摄产品的左侧，是一盏带有柔光箱的闪光灯，这个位置布光的作用在于对暗面进行补光处理，同时减弱由主灯照射带来的产品阴影。

背景灯位于被拍摄产品的右后方，闪光灯上需加装标准反光罩、挡光板和蜂巢，其作用是在勾勒产品轮廓的同时又照亮背景，在拍摄时需要注意挡光板位置的调整，以此来控制副灯的光照范围。

3. 透明体的布光方式

透明体表面非常光滑，这种清澈、透明的材质，能够自由地传导光线而不改变其特征，使其产生玲珑剔透的艺术效果，体现质感，透明体大多是香水、化妆品等液体或者玻璃制品。

图 3-24 中的香水不管是里面盛放的液体还是作为外包装的玻璃瓶，都属于典型的透明体，由于光线能轻松地穿过这类透明材质，所以，我们在拍摄这类产品时，一般都采用折射光照明，让逆光、侧逆光的光源可以穿过透明体，表现出它们精致和玲珑剔透的质感。

图 3-24 透明体的布光方式

主灯位于香水瓶的侧前方，用一盏带有柔光箱的闪光灯来照亮香水瓶身正面的立体雕刻和 LOGO。

辅助灯位于香水瓶的左侧，利用这一盏柔光闪光灯来对香水瓶的暗面进行补光，同时减弱由主灯和轮廓灯的照射而产生的阴影。

一盏加装了标准反光罩、挡光板和蜂巢的闪光灯作为轮廓灯，放置于香水瓶的侧后方，主要是利用蜂巢来控制光的走向，让挡光板来控制光照范围。这一盏轮廓灯可以使光线穿透瓶身，勾勒出香水瓶的外部轮廓和造型，体现出通透的质感。

拍摄时并非每次都能让主灯、辅助灯和背景灯都派上用场，我们不妨把每种布光方式在脑子里过一遍，预想一下想要取得的拍摄效果，再用每盏灯逐个进行实验，同时不断变换灯位，以最终确定能产生最佳效果的布光方案。

3.5 产品陈列构图

3.5.1 产品陈列的重要性

产品陈列的概念来源于线下商业模式（如图 3-25 所示），指以产品为主体，运用一定艺术方法和技巧，借助一定的道具，将产品按销售者的经营思想及要求，有规律地摆设、陈列产品，它可以起到展示产品、刺激销售、方便购买、节约空间、美化购物环境等各种重要作用。据统计，店面如能正确运用产品的配置和陈列技术，销售额可以在原有基础上提高 10%。

图 3-25　产品陈列

我们在拍摄产品照片之前，必须先将要拍摄的产品进行合理组合，设计出一个最佳的摆放角度，为拍摄时的构图和取景做好前期准备工作。产品采用什么摆放角度和组合最能体现其产品性能、特点及价值，是我们在拿起相机拍摄之前就要思考的问题，因为拍摄前的产品摆放决定了照片的基本构图。

产品的摆放其实也是一种陈列艺术，同样的产品使用不同的造型和摆放方式会带来不同的视觉效果。如图 3-26 所示，同样销售假发的两个店铺，由于摆放和组合方式的不同产生了完全不同的构图和陈列效果，对比卖家 A（左）和 B（右），就能体会到视觉上美感的差异了，而这个感受将会直接影响到消费者是否会购买这件产品。这就是产品照片和产品照片之间本质上的区别，因为产品照片归根到底是要刺激消费者的购买欲，而视觉感受恰恰是他们价值判断中最重要的因素之一。

同样是假发，卖家 A 因为在拍摄时没有从整体的布局来考虑每个假发摆放角度的统一性，而导致整体页面看上去比较凌乱。而卖家 B 在拍摄时采用的斜线构图，让假发看上去有静态势能和动感，其实做到这样的效果并不难，只要在产品拍摄前有个规划，后期做起来就轻松多了。

图 3-26　陈列效果对比

3.5.2　网页产品陈列的特殊性

实体店铺中的产品陈列，是利用空间来设计货架、展架，通过不同的摆放达到形态不一的陈列效果。而网店的产品的陈列与实体店就截然不同了，速卖通的产品是通过网页设定好的显示框架和尺寸以图片的形式展现出来的，图 3-27 为图片展现时的框架与尺寸。

图 3-27　网页产品陈列

　　了解了网页产品陈列规则后，我们再去规划布局时就会心中有数。一个网店就如开在一个超级商场内的相对独立的专柜，我们的陈列不仅要美观更要醒目，特别是买家不可能去逛网上的每一家店铺，而大多是通过搜索、对比才进店的。因此在某种程度上讲，网店产品陈列的醒目性要稍大于美观性。如图 3-28 所示的两张图片，左侧的从构图的美观度上要比右侧的漂亮，但在 140 ～ 220px 大小时，远不及右侧的醒目，如果在搜索列表页面展现，图片的可阅读性就要差一些了。

图 3-28　构图

　　为了能在众多的同类产品中从视觉上脱颖而出，在拍摄前可以查看一下同行的拍摄方式或构图，然后经过策划力求达到与同行产品视觉上的差异化，比如从背景、摆放、构图等方面达到差异化，使自己的产品更抢眼，让人更有点击欲望。如图 3-29

所示，在同行都是白底图片时，用蓝色底的背景看起就比特殊，看上去会更引人注目。
这里只是引用举例，并不是引导大家不用白底背景，因为白底背景与各种彩色的产品
的对比度都很好，可以想象一下黑色的产品配黑色背景会怎么样。

图 3-29　图片背景

3.5.3　取景与构图

相机成像的长宽比例默认是 4:3，而用在首图的照片要求是正方形，如果首图的
照片拍摄时让产品充满整个照片，那么后期在处理为正方形时就比较麻烦了。如图
3-30 所示，左侧三张图片基本上是"顶天立地"而不是正方形，造成后期处理为正方
形时比较麻烦，同时浪费 220×220px 窗口的空间，也会影响到店铺整体的陈列效果。
所以在拍摄时要有些周边空间的预留，以方便处理，并为设计促销标签保留一定的位
置。

图 3-30　图片长宽比

如图 3-31 所示，最里层虚线部分为产品占比大小，中间实线为后期正方形裁剪区块，产品区域外面的空隙让上传后页面布局更有流动感，也方便在边角设置促销标签。此取景示意仅做参考。

取景时还要注意产品角度的统一性，比如鞋子的朝向要统一，每张图中鞋子所处的位置也要统一，每张照片都按统一的标准拍摄，上传发布店铺后才会有整齐统一的陈列效果，如图 3-31 所示。

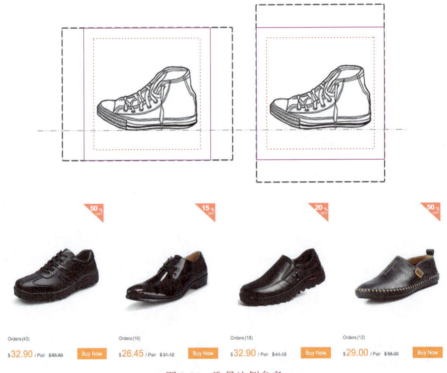

图 3-31　取景比例参考

取景的角度对产品的表现也是很有影响的，就像我们平视、俯视或仰视来看一个事物时，给人的感觉是不一样的。比如拍一张办公椅，平拍时椅子的轮廓能表现得比较完整，不会有透视变形，俯拍时比较符合日常观看的角度，图片会相对比较自然，后期进行场景合成时比较方便，仰拍时会让椅子有一种高大的感觉，在拍摄时要根据实际需求来设计角度。

构图是对画面的处理和安排，就其实质来说，是解决画面上各种因素之间的内在联系和空间关系，把它们有机地组织在一个画面上，使之形成一个统一的整体。因此，对摄影师来说，构图是将自然界的"形"变成艺术的"形"的过程中的一个重要环节，介于构思和具体表现方法之间。

为了增强描述页图片的美感和感染力，就需要对单调的产品进行重新摆放构图和情景设计，也可以说是产品的二次设计。常见的构图形式有竖形构图、对角线构图、三角形构图、黄金分割法构图、疏密相间构图。

横式构图如图 3-32 所示，是产品横向放置或排列的横幅构图方式，这种构图方式给人以稳定、平衡的感觉，较多用在产品颜色或款式的展示方面，横向排列时要注意产品间不要太近，相邻的两产品颜色要有鲜明的对比，呈现出颜色的跳跃，这样看上去会比较鲜明生动。

图 3-32　横式构图

竖式构图如图 3-33 所示，这种构图方式可以表现出产品的高挑、秀朗、显瘦的特点。竖式构图常用来拍摄长条形或者竖立的产品，在拍摄服饰类产品时最常用。

图 3-33　竖式构图

对角线构图如图 3-34 所示，在主图上利用对角线构图可以让产品最大长度地展现，避开了左右构图的呆板感觉，其透视也会使拍摄对象变成了斜线，引导人们的视线到画面深处，形成视觉上的均衡感和空间上的纵深感。

图 3-34　对角线构图

三角形构图如图 3-35 所示，画面形成一个稳定的三角形。这种三角形可以是正三角，也可以是斜三角或倒三角，其中斜三角较为常用，也较为灵活。三角形构图具有安定、均衡但不失灵活的特点。

图 3-35　三角形构图

在摄影构图中最常使用的构图方法，就是在画面上横、竖各画两条与边平行，将画面等分的直线，将画面分成的 9 个相等的方块，称九宫图。横线和竖线相交的 4 个点，称为黄金分割点。根据经验，将主体景物安排在黄金分割点附近，能更好地发挥主体景物在画面上的组织作用，有利于周围景物的协调和联系，容易引起美感，产生较好的视觉效果，使主体景物更加鲜明、突出。

如图 3-36 所示，卖仿真插花和抱枕、抱熊的卖家，合理地利用了黄金分割法，将要表达的主要信息点花和眼睛放在分割点的位置，使整个画面透出一种和谐的美感，同时表达的信息也很醒目传神。

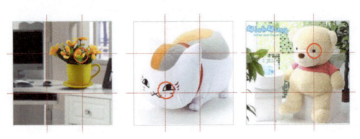

图 3-36　黄金分割法构图

在拍摄时经常会在产品原有的造型上，通过折叠或摆放让产品变成另外一种造型，如图 3-37 所示，将围巾中心卷起，看上去如一朵花，将皮腰带卷起来，帽子叠起来，营造出更具美感的视觉效果。

Scarves　　　Belts & Cummerbunds　　　Baseball Caps

图 3-37　情景设计构图

产品摄影构图时除了要根据实际情况来灵活运用优秀的构图方法，还要注意避免一些不当的构图。常见的不当构图有（如图 3-38 所示）：主体过大、主体不明、变形严重、对比不强、杂乱无章、主次不分。

图 3-38　常见不当构图

在清晰准确地展现产品基础上，再对产品的构图做好设计、统一风格，产品上线后，整个店铺的视效果会更好，给买家以美和专业的感受，可大大加深买家对我们的印象。

3.6　照片管理与处理

拍照完成以后，就需要对照片进行挑选了，对于曝光不准、模糊发虚、重复多余的照片进行另外存放或删除处理，然后将图片按类似日期、时间、品牌、款式、产品这样的层级进行存放。网上也有专门的挑片和照片管理软件，可以大大提高处理的效果，方便了管理。

对每款产品照片分文件夹归类完成以后，就要开始对照片进行抠图、调色、裁剪、加水印等处理了。为了维护照片版权，在处理时切记要保留原始图片，不要直接在原图上覆盖保存，最好有专用的存储设置来保存原始照片。

3.7 一款女包拍摄规划案例

下面以一款女包的拍摄规划为例，讲述拍摄流程和具体产品的具体拍摄要点，要与产品经理、摄影师、美工、设计师等人员进行沟通，然后规划出详细的方案。产品拍摄流程表如表 3-3 所示。

表 3-3 产品拍摄流程表

产品名称	菱格链条羊皮单肩斜挎女包 黑白两色		交稿时间		拍摄时间	
细节特写要求	产品正面图（允许模特图）、产品背面图（或侧面图）、设计细节图1、设计细节图2、内袋细节图					
	细节展示包括但不限于以下内容：					
	款式细节：设计特别的要素，如袋口、包扣、拉链、褶皱等；					
	做工细节：走线、铆钉、里料等；					
	材质细节：微距拍摄面料、颜色、面料纹路等；					
	配件细节：拉链、包扣等					
拍摄部位	拍摄要点及构图			构 图		张数
主图	正面、背面、款式细节、五金细节、内袋细节			水平拍摄 白底图		5
大图	360 度旋转图（正面、正侧面、侧面、侧背面、背面、背侧面、侧面、侧正面）、顶部、底部			水平拍摄 白底图		7
细节	羊皮的柔软性、菱格款型、链条、包盖			微距特写		6
颜色	黑白款单独拍、合拍			水平拍摄 白底图		3
使用效果	放手机、眼镜等物品使用效果，杂志实物对比图、实体店、包装					5
消费人群	30～35 岁白领女士					
模特	28～29 岁，有气质，有自信					
风格	主图简洁，描述图欧美化时尚化					
设备	相机：Canon EOS 600D，镜头：EF-S18-135mm f/3.5-5.6 IS，三脚架，800W 闪光灯柔光箱 3 套，静物台 1 个，反光板 1 个					
道具	时尚杂志 2 本、高档手机、化妆盒、白色细线、别针					

最终拍摄效果与描述部分效果如图 3-39 所示。不同的产品其价值点和拍摄方法

会有不同，但流程方面还是有共性的，在动手拍摄前做好规划和准备，对中期的拍摄和后期的处理都大有益处。

拍摄规划可以简单也可以复杂，比如有些产品的拍摄，以情景剧的方式展现，就如把一个产品的拍摄规划成为一部剧本一样，让买家看了之后不但了解了产品的功能特点，更是从内心受到打动，产生共鸣。

在网络的视觉营销中，图片是视觉的重点，是设计师进行设计创作的基本材料，好的照片除了拍好，更需要策划好。

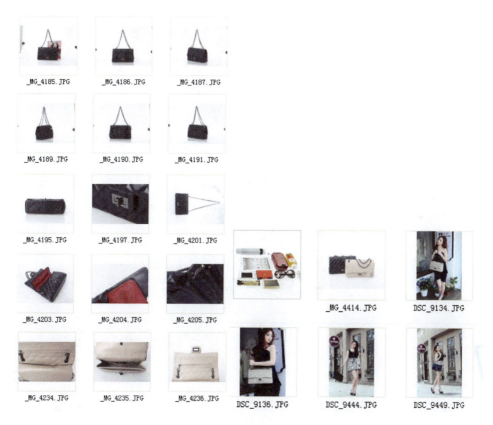

图 3-39　部分样片及描述

第 4 章

产品图片处理

本章要点：

■ Photoshop 图片处理前期准备

■ Photoshop 图片美化处理

■ Photoshop 广告图设计七步法

■ Photoshop 页面设计与切图、代码

4.1　Photoshop 图片处理前期准备

Adobe Photoshop 是应用非常广泛的软件，大家习惯简称它为 PS，由它完成的图片美化，可以拥有更好的效果，从而更吸引眼球，如图 4-1 所示。由它加工形成的广告图，可达到我们店铺图片设计的需求，如图 4-2 所示。

图 4-1　Photoshop 美化图片（左图为原图，右图为美化后的效果图）

图 4-2　Photoshop 广告图设计（左图为原图，右图为广告图成品）

4.1.1　软件准备

Photoshop 的版本很多，但笔者从开始接触 1998 年 5 月发布的 Photoshop 5.0 版本后，到现在用得最多的、使用最稳定的是 Photoshop 12.0 版本（也称 CS5，从 8.0 开始，以 CS 命名），其核心的功能和思想，一直没有变化，界面也一直没有大的变化，快捷键也一直延续下来。所以，我们只要学会其中任何一个版本，再去使用其他版本，基本都不会有问题。

笔者建议使用 CS5 版本，因为，它在运行速度、稳定性和易用性方面，都是笔者用过的最好版本。同时，它对电脑硬件的要求也相对比较低，大多数电脑都能使用。

Photoshop 一般是使用快捷键操作的，为了后续高效率地学习和工作，建议读者养成"左手操作键盘，右手控制鼠标"的良好习惯。

启动 Photoshop 软件后，我们可以练习体验以下 7 个基本操作：

1. Ctrl+O   打开一张或多张图片

2. 按 Z 键，拖动鼠标   放大工具，可将图放大，看局部，方便查看和处理图片细节

3. 按住空格，拖动鼠标   平移，可查看邻近图像区域

4. Ctrl+0   按屏幕大小缩放，其实就是显示全图

5. Ctrl+=   放大

6. Ctrl+ -   缩小

7. Ctrl+W   关闭

以上 7 个基本操作，如果能够熟记于心，不看书本和笔记进行熟练操作，就能大大提高工作效率。

4.1.2 素材准备

我们的工作是对图片进行二次加工，而在互联网上，我们花了大量时间和金钱拍摄的图片，别人很容易直接复制过去使用。在电子商务平台上，一般会提供举报的通道，但是，举报维权时要求我们上传拍摄的原片。所以，我们在进行图片处理之前，一定不要去动原片，一定要记得复制一份到新文件夹。

4.1.3　目标预设

我们作为速卖通的卖家，在平时的工作中，用得最多的是完成类似前面的图 4-1 中的图片美化处理和图 4-2 中的广告图设计，还有一个最核心的工作，就是完成类似如图 4-3 所示的宝贝详情页的设计。

图 4-3　宝贝详情页

接下来，我们就一步一步来完成这样的工作目标。

4.2　Photoshop 图片美化处理

4.2.1　正方形主图裁剪

我们平时拍摄的图片，不管是横拍，还是竖拍，得到的都是长方形的图，如图 4-4 所示。

图 4-4　相机拍的原图

但是，现在所有的电子商务平台上，产品的主图都是用正方形的形式展现的。从速卖通的搜索页面（如图 4-5 所示），到产品详情页的首屏呈现的产品主图（如图 4-6 所示），都是使用正方形的图来展现的。

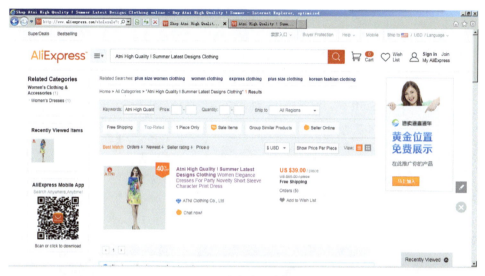

图 4-5 速卖通的搜索页

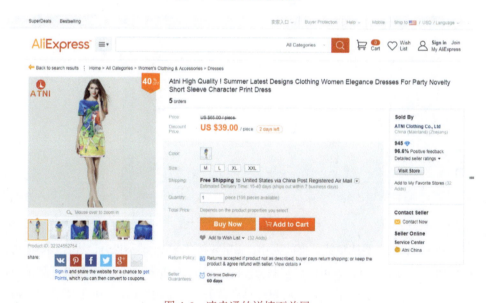

图 4-6 速卖通的详情页首屏

那么，我们如何才能得到正方形的图片呢？其实，这是非常容易完成的操作。我们打开 Photoshop 软件后，大概通过如下 6 个步骤，就可以完成了。

步骤 1：按 Ctrl+O 键，打开要进行处理的图片。

步骤 2：按 C 键，或者单击界面左侧的裁剪工具 ，确认裁剪工具图标是凹下去的。

步骤 3：按住 Shift 键，不要松开，然后在图像区域画矩形框。就可以得到正方形的裁剪框了，如图 4-7 所示。

图 4-7 画矩形裁剪框

步骤 4：如果要调整裁剪框的大小，一定要按住 Shift 键不松开，然后只要拖动裁剪框四个角的小方点，就可以调整裁剪框的大小了，如图 4-8 所示。另外，如果想移动裁剪框在图片中的位置，可以将鼠标移到裁剪框边缘线以内区域的任意位置，拖动鼠标，就可以了。也特别提醒一下，请不要将裁剪框移到图像区域以外，否则，剪裁出来的图就会出现空白了。

图 4-8　裁剪框四角的小方块

步骤 5：按 Enter 键，完成正方形图片的裁剪。

步骤 6：我们用上面的方法裁剪出来的图片是比较随便的尺寸，一般是不能直接使用的。所以必须根据我们的需要，设置一下图片的尺寸，操作方法是：在"图像"菜单，选择"图像大小"选项，或者按 Ctrl+Shift+I 键，打开如图 4-9 所示的对话框，对这个对话框上，我们看到的数值就是刚才裁剪后的尺寸。

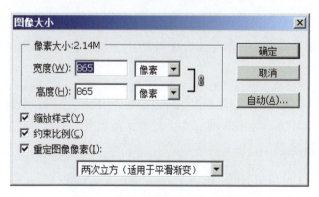

图 4-9　打开"图像大小"对话框

我们可以在"图像大小"对话框，确保对话框中的"约束比例"选项处于勾选状态，这样才会使图片保持原比例，不让其变形失真。然后，输入我们要的数值，比如800 像素，再单击"确定"按钮，就可以得到我们想要的宽高都为 800 像素的正方形图片，也就是我们真正需要的主图了，如图 4-10 所示。

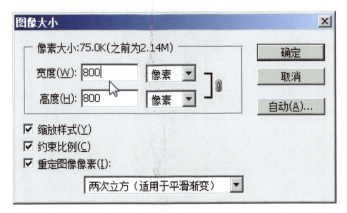

图 4-10　设置图片的宽高

4.2.2　图片美化四部曲

几乎所有卖家的产品都会遇到色差问题。由于多数中小卖家不是专业的摄影师出身，也没办法花高额的费用，聘请专业的摄影师对销售的产品进行专业的拍照，所以，拍照过程中总是会遇到各种各样的问题，比如：布光不正确或相机快门光圈设置不合理，导致图片有问题；白平衡没设置好或因有色灯光导致拍出来的图片偏色；使用入门级相机或拍照时技术问题导致拍出来的产品图片不够清晰等。

其实，即使是专业摄影师使用专业器材，也会产生这些问题的。

1. 亮度调整

图片的色彩丰满度和精细度是由色阶决定的。拍摄产品时，最常遇见的问题是亮度不够，照片灰暗。在 Photoshop 中，处理这种类型的图片，最适合使用的命令是"色阶"（快捷键 Ctrl+L）。

我们来看一个典型的案例：图 4-11 是原始图片，比较灰暗，非常平淡，不具备收藏价值。

图 4-11　原始图片

　　我们用 Photoshop 打开图片，按快捷键 Ctrl+L，打开"色阶"对话框，经过如图 4-12 所示的调整后，效果就截然不同了，效果如图 4-13 所示。

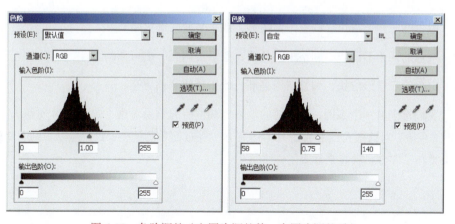

图 4-12　色阶调整（左图为调整前，右图为调整后）

图 4-13　色阶调整后的效果

图 4-12 中的"色阶"对话框，最关键的是调整了图中的 3 个三角形滑块，现在解释一下使用的方法：

黑色的三角形滑块，调整图像暗部，效果是使暗部更暗。

灰色的三角形滑块，调整中间色调，效果可调亮，也可调暗。

白色的三角形滑块，调整图像亮部，效果是使亮部更亮。

我们再来看一个案例，调整前的效果与调整后的效果对比（如图 4-14 所示），调整时"色阶"对话框大致参数如图 4-15 所示。经过简单的调整，我们可以看到图片的效果柔和了许多，看起来舒服了许多。

图 4-14 原图与色阶调整后的效果对比

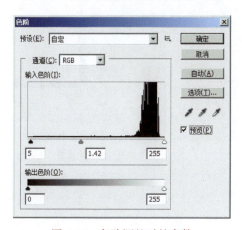

图 4-15 色阶调整时的参数

2. 颜色调整

"曲线"命令可按 Ctrl+M 键调出，是调整偏色最有效的命令。

图 4-14 在色彩方面，可以继续优化一下，让色彩更真实。我们利用"曲线"命令，调整的参数如图 4-16 所示，注意图中分别调整了 RGB 通道、红通道、绿通道、蓝通道中的曲线形状，调整好之后，效果如图 4-17 所示。

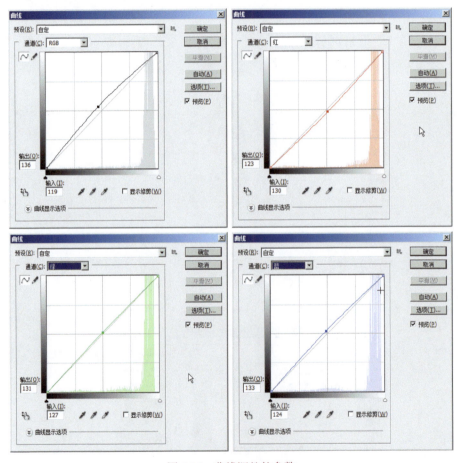

图 4-16 曲线调整的参数

图 4-17　通过曲线命令调整后的效果

3．饱和度调整

"色相/饱和度"命令主要是用来调整图片的鲜艳程度。使用时，只要按 Ctrl+U 键，打开"色相/饱和度"对话框，调整"饱和度"参数就可以了。

我们来看一个典型的案例。一般来说，由于镜头的感光能力有限，数码相机拍的照片颜色与实物相比，一般会不够鲜艳（如图 4-18 所示）。我们将"色相/饱和度"对话框中的"饱和度"滑块向右拖动（如图 4-19 所示），就可以得到一张颜色非常鲜艳诱人的照片了（如图 4-20 所示）。

图 4-18　原始图片

图 4-19　调整饱和度

图 4-20　完成后的效果

用同样的方法，我们可以将图 4-17 进行再次优化，让衣服的颜色更鲜艳一些，更符合真实的效果。只要按 Ctrl+U 键，打开"色相/饱和度"对话框，调整"饱和度"

参数（如图 4-21 所示）就可以了。最终效果如图 4-22 所示。

图 4-21　调整饱和度

图 4-22　完成后的效果

4．清晰度调整

Photoshop 滤镜的功能非常强大，但从网店的产品图片处理角度来说，最重要的，是能将图片调整得更加清晰的命令"USM 锐化"。

我们来看一个典型的案例。如图 4-23 所示的照片有点模糊了。

图 4-23　原始图片

我们从"滤镜"菜单，选择"锐化"选项，打开"USM 锐化"对话框，调整的
参数如图 4-24 所示。

图 4-24　锐化的参数与锐化后的效果

我们发现，图片变得清晰多了！

用同样的方法，我们可以将图 4-22 进行再次优化，让图片更清晰一些，这样看起来会舒服很多。我们从"滤镜"菜单，选择"锐化"选项，打开"USM 锐化"对话框，调整的参数如图 4-25 所示，效果如图 4-26 所示。

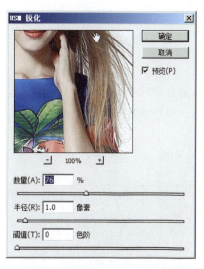

图 4-25　设置锐化效果

图 4-26　最终效果

接下来，笔者想通过一个非常简单的操作，对图 4-24 进行再次优化，让效果更加震撼！请读者用心体验，因为这是一个通用的操作。本章的所有图片美化操作，其实都可以在前面加上这个限制选区和设置羽化的操作，进行局部的美化调整。操作的方法如下。

步骤 1：使用"套索"工具（快捷键 L），通过拖动鼠标，大概选择一下产品的主体区域。

步骤 2：使用"羽化"命令（Photoshop CS3 及之前的版本，快捷键是 Ctrl+Alt+D；Photoshop CS3 以后的版本，快捷键是 Shift+F6）设置合适的数值，如图 4-27 所示。

图 4-27　设置羽化

然后，再适当做一下色阶、曲线、饱和度的调整，效果就大不一样了，如图 4-28 所示。

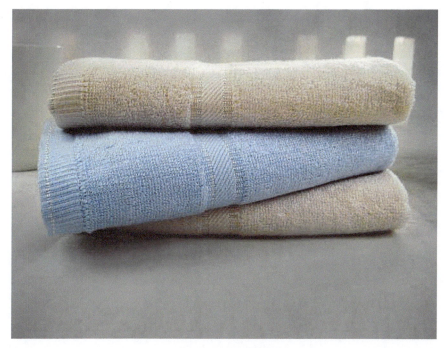

图 4-28　最终效果

　　到这里，图片美化四部曲就讲解完了。读者可以从自己电脑中，或者在网络上随便找一些图片，从亮度的调整、颜色的调整，到饱和度的调整，再到清晰度的调整，实际操作一遍。任何一张图，在几分钟之内，都可以变得更美的！

4.2.3　图片保存

　　将图片经过以上美化处理之后，很多图已经算是成品了。下一步我们可能进行两种操作。

　　情况一：美化是为了以后制作广告图，等于是把图片当作素材，以后才用。这样，我们只需要将图片保存起来就可以。操作是这样的，点击"文件"菜单的"存储为"按钮，弹出对话框后，选择 JPEG 格式，并重新取名，请读者一定记住，保存名必须与原来的文件名不一样，如果同名的话，图片的原片将被覆盖，导致原始图片丢失，如图 4-29 所示。这样，我们就在不影响图片的原片效果的同时，保存了另一张美化后的效果图。

图 4-29　存储为

情况二：已经是成品的图，我们会将大小调整为网店中可以使用的尺寸规格，然后保存成网店中可以使用的图片。

首先，通过单击"图像"菜单的"图像大小"命令，确认对话框中的"约束比例"选项处于勾选状态，将宽度数值改成我们需要的数字就可以了，如图 4-30 所示。

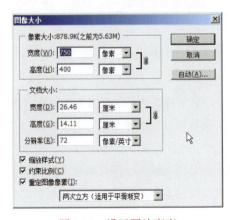

图 4-30　设置图片宽度

然后，用情况一的方法，将处理好的图片用新的名称保存起来。

4.3　Photoshop 广告图设计七步法

买家进入我们的店铺后，主要是通过我们设计的广告图来了解相关信息，图片的效果直接影响了买家对产品的认知和购买转化率。所以，图片在网店中起到的作用是重中之重！每一家店铺，都必须用心做好每一张图。

1. 寻找偶像

作为新手，要一下子在自己的脑海中"蹦"出很好的版式设计，一般是不太可能的。所以，在设计之前，我们一般都要参考一些素材，尤为重要的是参考广告图文字部分的版式。它可以来自同行的店铺、百度或谷歌的图片搜索。下面我们学习的广告图设计，参考的素材是图 4-31。

图 4-31　参考素材

2. 准备素材

我们将要完成的广告图的主题，恰好也是"Hot Fashion"，要强调的恰好也是"The Latest Summer Styles"，在广告图上，也要加上"Shop Now"这样的按钮。这些，都可以在设计广告图的过程中，通过 Photoshop 软件的文字工具输入和设置。所以，最核心的是要从我们众多的模特图中，寻找角度最适合的素材。我们的文字是放在左边的，模特图是放在右边的，我们会选择图 4-32 中第一行的第三张图，因为模特的眼睛是向左边看的，给人感觉就是在看我们将要完成的广告图的文字的位置，这样的设计容易吸引眼球。

这里提醒一下，如果要使用的素材可能是好几张图片合成的时候，建议新建一个文件夹，将我们要用到的所有图片，都放到这个文件夹中。

图 4-32　准备合适的素材

3. 新建文件

经过前面两个步骤的准备，我们就可以打开 Photoshop 软件，开始我们的设计了。我们要做的很简单，只要单击"文件"菜单的"新建"按钮，或者按 Ctrl+N 键就会看到图 4-33 中的对话框。

图 4-33　新建文件对话框的设置

这里我们要注意以下几点：

（1）名称：可以随意指定，不过建议取一个有意义、好识别的。因为后面我们要将文件保存的时候，就是用这个名字。建议大家有一个良好的取名习惯，比如，现在我们用的名字是"速卖通店铺的 hot-fashion 广告图 750-400"，这里要强调的是其中的"750-400"，其实就是指图片的宽度和高度。这样，以后看到这个文件，不仅知道它是用来干什么的，而且不用打开文件的状态，就可以知道这张图的宽度是多少。

（2）宽度：根据需要指定，我们的图要用的是 750 像素，注意，在互联网上的图，单位都是用"像素"。

（3）高度：我们要用的是 400 像素。

（4）分辨率：一定要注意，互联网上的图，这个数值是固定的，都是用"72 像素/英寸"。如果有人告诉你，是"300 像素/英寸"，那么他一定是从事线下广告设计的，因为线下的设计后期是要印刷的，所以才需要高精度的图片设计。如果用"300 像素/英寸"，电脑的工作速度会慢 10 倍以上。所以，大家要记得用"72 像素/英寸"，不要选择错了。

（5）颜色模式：用 RGB 颜色、8 位，这也是固定的，不要动。

（6）背景：一般都是用白色的，也不要动。

做好正确的设置后，单击对话框中的"确定"按钮就可以。我们将看到如图 4-34 所示的效果。

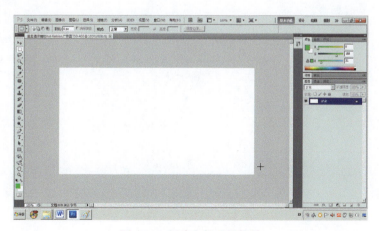

图 4-34　新建文件后的效果

4. 加入图片

经过上一步骤，我们的图片是空白的。接下来，就可以将我们的图片加入进来了。这个操作相对来说是比较容易的。不过，严格来说，还是有两步操作：先是要将图导入这个空白的画面中，然后要设置图的大小和位置。

我们先将图导入这个空白的画面，这个操作步骤是固定的，只要经过如下的 5 个小步骤就可以完成。

步骤 1：按 Ctrl+O 键，或点击"文件"菜单的"打开"命令。这个步骤是为了打开我们要使用的模特图片，如图 4-35 所示。

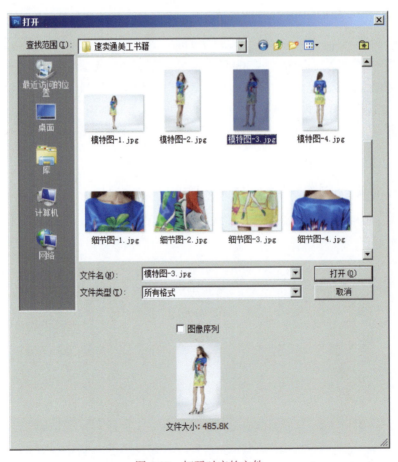

图 4-35　打开对应的文件

步骤 2：按 Ctrl+A 键全选图片，也可以点击"选择"菜单的"全部"按钮，如图 4-36 所示。

图 4-36　全选图片

步骤 3：按 Ctrl+C 键，复制上一步中选取的图片区域。也可以点击"编辑"菜单的"拷贝"按钮，如图 4-37 所示。

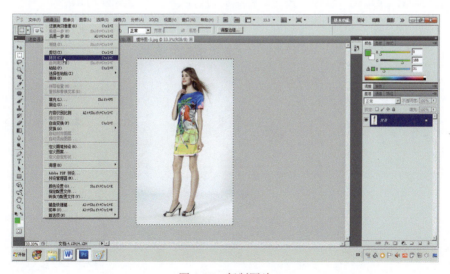

图 4-37　复制图片

步骤 4：按 Ctrl+Tab 键，可以在 Photoshop 中切换到另一张图，我们的目的是切换回前面新建的那个空白的文件，因为只有切换成功了，我们才可以正确地将图粘贴进去。也可以在"窗口"菜单选择对应的已经打开的文件名，如图 4-38 所示。

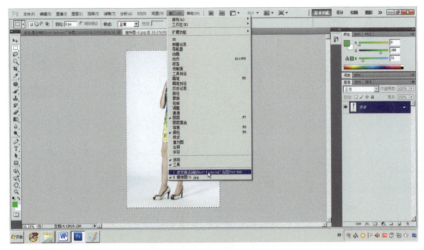

图 4-38　切换到另一张图

步骤 5：按 Ctrl+V 键，将步骤 3 中复制的图，粘贴到当前正操作的文件。也可以点击"编辑"菜单的"粘贴"按钮。粘贴成功的效果，如图 4-39 所示。

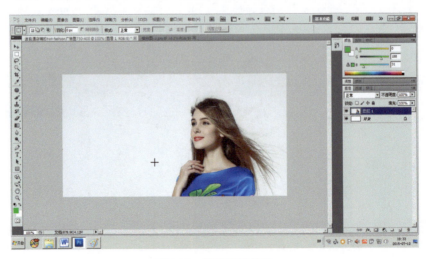

图 4-39　粘贴后的效果

经过上面的操作，图片被我们复制到前面新建的空白文件中了。但是，图片的大小是不合适的。所以，我们要调整一下图片的大小。操作如下。

步骤 1：按 Ctrl+T 键，或者点击"编辑"菜单的"自由变换"按钮。

步骤 2：经过步骤 1 中的操作，图的左上角会有一个小方点。我们只要按住 Shift 键，向右下方拖动鼠标，就可以将图拉小一些。然后，将鼠标移到模特图区域，向上拖动，移动图片的位置，我们就可以将图片调整到合适的大小和位置，如图 4-40 所示。这里要特别强调的是：在拉左上角的小方点的时候，必须一直按住 Shift 键，不松开；移动图片位置时，不用按 Shift 键。这样的操作细节，大家千万不要弄错了。否则图片的比例会变形，就很难看了。

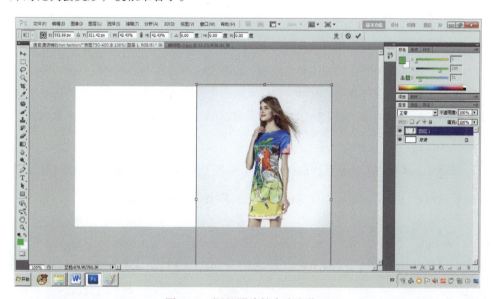

图 4-40　调整图片的大小和位置

步骤 3：按 Enter 键，结束操作。有方点的框会消失，恢复正常的操作状态，如图 4-41 所示。

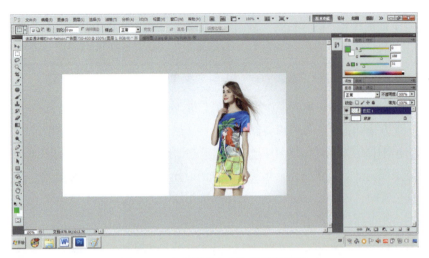

图 4-41　完成图片大小和位置的调整

现在，我们发现图片的左边是空白的，会感觉画面比较不协调。而右侧的图片又有带亮度变化的淡灰色背景。所以，我们来做一个更深入的操作，就是将左边的空白变成类似右侧的灰背景。这个操作方法不太难，不过，大家还是要注意接下来的三步操作。

步骤 1：从左侧工具箱上，选择 （矩形工具），鼠标移动到模特图区域，画出矩形选框，这里请读者特别注意画框的位置和大小，如图 4-42 所示。

图 4-42　用矩形工具，画出矩形选取框

步骤 2：按 Ctrl+T 键，进入"自由变形"状态，将鼠标移到左边的线上，出现双箭头时，向左拖动到如图 4-43 所示的位置。

图 4-43　自由变形

步骤 3：按 Enter 键，结束操作，有方点的框会消失。再按 Ctrl+D 键，或者点击"选择"菜单的"取消选择"按钮，一切都恢复正常的操作状态，如图 4-44 所示。

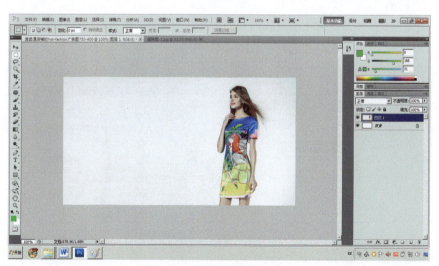

图 4-44　完成背景调整

5. 添加文字

经过上面的操作,我们应该已经有小小的成就感了,离最终效果似乎也不太远了。现在,我们来学习添加文字和设置文字的方法。

要在图片上添加文字,先选择左侧工具栏的 $\boxed{\text{T}}$ (横排文本工具),然后到图片区域单击一下,再输入文字,就可以看到初步的效果,如图 4-45 所示。

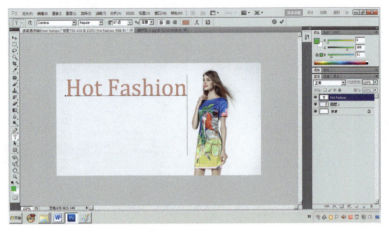

图 4-45　输入文字

上面的文字效果,肯定不是我们要的。所以,我们必须拖动鼠标选取文字,然后在属性栏设置字体、大小和颜色,如图 4-46 所示。

图 4-46　设置字体、字号和颜色

接下来，我们可以选择左侧工具栏的 ▶⊹ （移动工具），将文字移到合适位置，如图 4-47 所示。

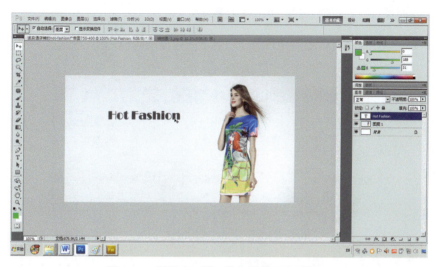

图 4-47　用移动工具，将文字移至合适位置

利用相同的方法，我们可以将其他的文字也都输入、设置好，并移动到合适位置，如图 4-48 所示。

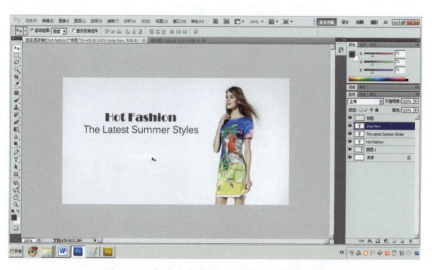

图 4-48　完成文字的输入、设置和位置调整

6. 添加修饰

完成了上面的操作后，广告图已经基本成型了，就差 "shop Now" 文字的一个修饰框，这时候，我们可以通过以下步骤来完成。

步骤 1：单击 "图层" 菜单的 "新建" 命令，选择后面的 "图层" 按钮，如图 4-49 所示。

图 4-49　新建图层

步骤 2：从左侧工具箱上，选择 （矩形工具），用鼠标移动图片区域，画出矩形选框，请大家特别注意画框的位置和大小，然后，用 "编辑" 菜单的 "填充" 命令，在打开的对话框中选择颜色填充，设置好颜色，本例是用深灰色，如图 4-50 所示。

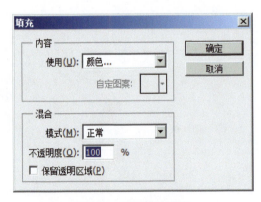

图 4-50　设置填充颜色

然后点击图 4-50 中的 "确定" 按钮，就可以得到如图 4-51 所示的效果。

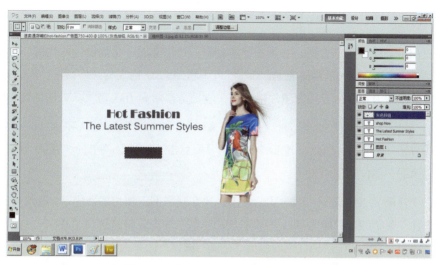

图 4-51 成功添加了灰色的矩形按钮

这时候，我们会发现，原来在矩形按钮位置的"shop Now"文字不见了。这是因为 Photoshop 软件中的图片其实是由图层一层一层叠加的。我们在"shop Now"文字的上一图层画了矩形框的按钮，把文字遮住了。我们只要将图层的顺序调整一下就可以了。操作是这样的：点击"图层"菜单的"排列"命令后的"后移一层"就可以了，效果如图 4-52 所示。

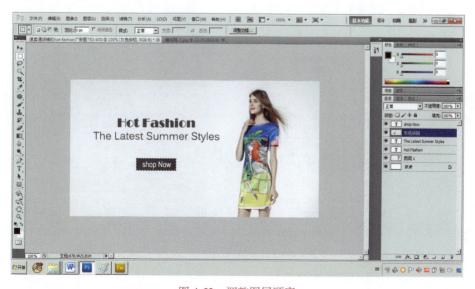

图 4-52 调整图层顺序

7．正确存储

我们精心设计的广告图，必须正确地存储。严格来说，我们设计的任何广告图，都必须存储两次，一次是存储为 Photoshop 可编辑的 PSD 格式的文件，用于下次修改。另一次是存储为互联网专用的图片格式，一般是是存储为 JPG 格式。方法是这样的：

（1）存储为 PSD 格式。因为我们在新建文件时，就取名"速卖通店铺的 hot-fashion 广告图 750-400"了，所以，这步操作我们只要点击"文件"菜单的"存储"按钮，选择正确的存储位置就可以了。

（2）存储为 JPG 格式。因为我们的图是要在互联网上使用的。所以，我们必须使用"文件"菜单的"存储为 Web 和设备所用格式"命令，格式选择"JPEG"，品质用"高"，并勾选"连续"选项。然后单击"存储"按钮，选择正确的位置保存就可以了，如图 4-53 所示。

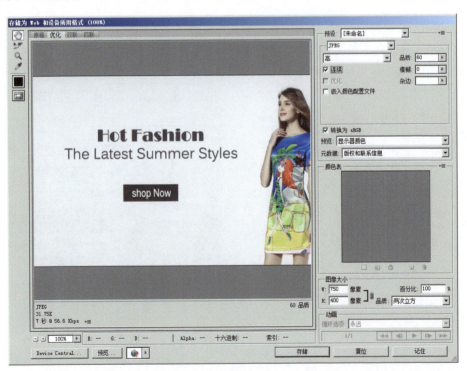

图 4-53　使用"存储为 Web 和设备所用格式"，正确设置，保存图片

4.4 Photoshop 页面设计与切图、代码

4.4.1 页面设计

在上一节，我们完成了一张广告图，如图 4-54 所示。

图 4-54 一张广告图成品

不过，在实际工作中，我们经常必须设计出整个页面。很多人认为这是很难的。其实，这个操作是相当容易的，只要多记住一个命令就可以了。我们重新打开上一节保存的 PSD 格式的文件，如图 4-55 所示。

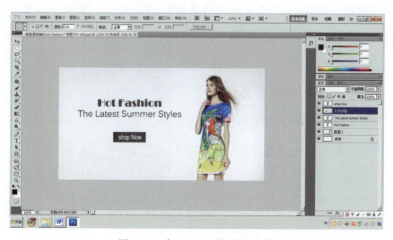

图 4-55 打开 PSD 格式的文件

我们要多记住的命令是 "图像"菜单的"画布大小"，打开如图 4-56 的对话框，在对话框中的"定位"板块选择画红框的位置，然后设置好"高度"就可以。后面，我们可能会一直增加图片进来，所以，如果设置的 888px 的高度不够的话，以后可以继续用同样的方法更改更大的数值。

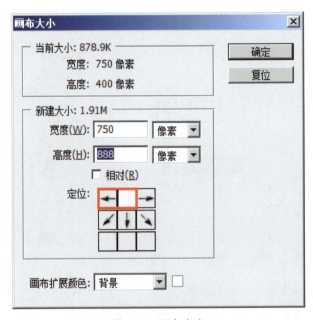

图 4-56　画布大小

当我们点击"确定"按钮后，会看到图 4-57 的效果。我们会发现"图层 1"对应的图，多了一块区域。所以，我们可以：

（1）在右侧的图层面板，点击一下"图层 1"。

（2）然后，从左侧工具栏，选择"矩形选框"工具。

（3）再到图像区域画出如图 4-57 所示的选区。

（4）按键盘的 Delete 键删除选区中的图片。

然后，鼠标在选区外单击一下（或者按 Ctrl+D 键），取消选区。这样，我们看到的图就很正常了，画面上就是一张完整的广告图，如图 4-58 所示。

图 4-57　框选，删除不需要的图像区域

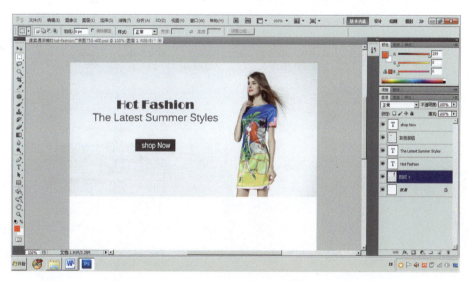

图 4-58　一张完整的广告图

　　当然，为了更方便以后的操作。我们可以按住 Shift 键，再在右侧的"图层"面板单击一下名称为"shop Now"的图层，然后按 Ctrl+G 键。这个操作是把刚才选择的所有图层归为一个组，默认的名字是"组 1"，如图 4-59 所示。

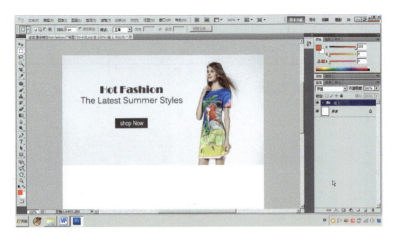

图 4-59 将以前的广告图归为同一个组

大家可以双击图 4-58 右侧图层面板的"组 1",将组名更改为更容易记的名称,比如取名为"Hot Fashion"。如果我们单击组名称前的向右三角形 ▶,属于这一组的所有图和文字的图层就会全部显示出来。如果再单击组名称前的向下三角形 ▼,组内的图层就会被隐藏起来,恢复图 4-59 的效果。如果未来做很长的页面,有很多的图层,在这种情况下,最好的图层管理方式,就是对图层进行分组管理,如图 4-60 所示。

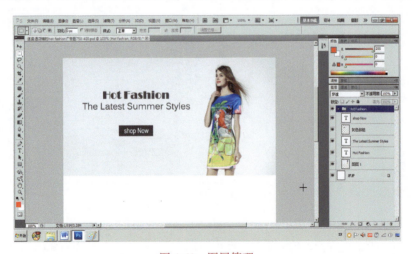

图 4-60 图层管理

接下来就是完全和上一节一样,打开另一张图,复制到上图中,并移动到下面的空白区域。如果还要加入更多的图,都是用一模一样的方法,继续用"图像"菜单的

"画面大小"命令，扩大画布的高度，再复制其他图片进来，加上文字和一些修饰就可以了，如图 4-61 所示。在这个过程中，要随时记得对图层进行归类分组。

图 4-61　加入图片排版

这样，我们很快就可以完成整个页面的设计，完成页面后，我们点击"视图"菜单的"按屏幕大小缩放"（或者按 Ctrl+0 键），如图 4-62 所示。

图 4-62　完成页面

4.4.2　图像切割

在设计时，我们为了整体效果，会将整个页面一起设计。但是完成后，我们为了在互联网上传输图片的速度更快，不能将整张图直接使用，必须对图片进行切割操作。操作方法如下。

步骤 1：选取切片工具。在 Photoshop 工具栏左侧的"裁剪工具"图标上按住鼠标 1 秒以上，会弹出 3 个工具，选择"切片工具"命令，如图 4-63 所示。

图 4-63　选择"切片工具"

步骤 2：将鼠标移到图像区域。单击鼠标右键，选择"划分切片"命令，如图 4-64 所示。

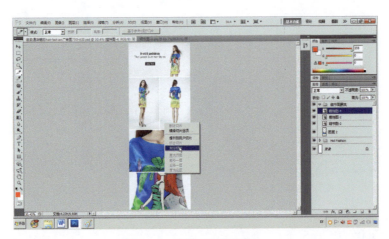

图 4-64　选择"划分切片"

步骤 3：设置"水平划分为"为 4，如图 4-65 所示，然后点击"确定"按钮。

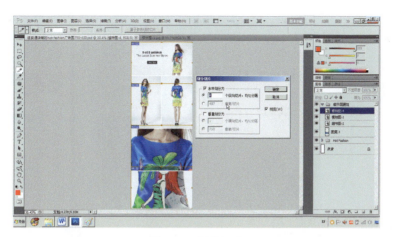

图 4-65 划分切片

步骤 4：在上一步骤中，切片是等距离划分的。所以，有些切割的线条会割在图片的中间位置，甚至会直接从人脸切过去。这样看起来就不舒服，如果未来在排版过程中不小心在两张图之间按了回车键，可能导致空白条出现在画面中，浏览的人看了会非常不舒服。所以，我们一定要将切割的线调好位置，也就是拉到空白的位置。操作方法是：将鼠标移到线上，出现双箭头 ✛ 时，拖动就可以了，如图 4-66 所示。

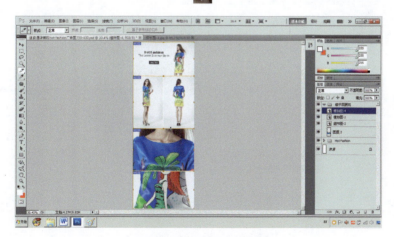

图 4-66 调整切割线的位置

步骤 5：使用"文件"菜单的"存储为 Web 和设备所用格式"命令，格式选择"JPEG"，品质用"高"，并勾选"连续"选项，然后单击"存储"按钮，如图 4-67 所示。

图 4-67　存储为 Web 和设备所用格式

　　然后，在弹出的对话框中还有一项非常重要的设置，就是必须设置"格式"为"仅限图像"，并确认"切片"为"所有切片"，如图 4-68 所示。建议这个时候建立一个单独的文件夹用来保存切片后的所有文件。最后，单击"保存"按钮，就可以了。

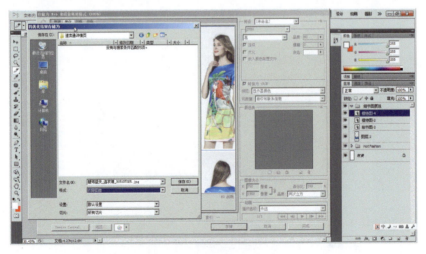

图 4-68　设置保存的格式

　　如果我们打开保存文件的文件夹，将会看到如图 4-69 所示的效果。会有一个名为"image"的文件夹，里面放的就是切片后的所有图片文件。

图 4-69　正确保存的结果

4.4.3　店铺应用

店铺应用的本质，其实只有两点。

第一，就是要将图放到店铺能识别的图片空间。在速卖通平台，我们存放图片的位置在速卖通后台的"管理图片银行"。进后台后，点击左侧的"管理图片银行"命令，如图 4-70 所示。

图 4-70　速卖通后台

然后，我们只要单击右侧的"上传图片"按钮，在弹出的对话框中单击"从我的电脑选取"按钮，选择我们前面刚完成的切割保存好的图片，再单击"打开"按钮，如图4-71所示。

图4-71　选取要打开的图片

然后，再单击"上传"按钮，如图4-72所示。

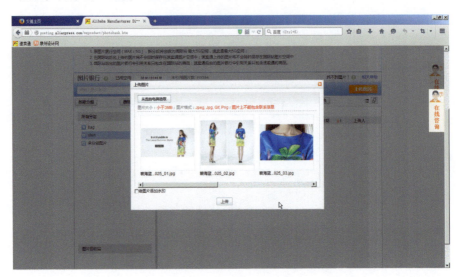

图4-72　单击"上传"按钮

这样，我们就完成图片的上传了。结果如图 4-73 所示。

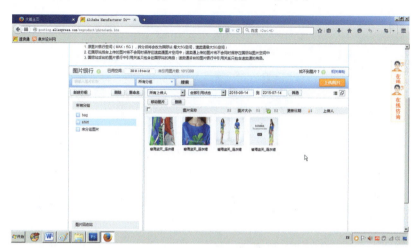

图 4-73　完成图片上传

第二，在各种要使用图片的场合插入图片。我们在发布新品、编辑宝贝的详情页、装修店铺时，都是用一样的方法，将图片插入就可以。我们一般都是看到类似如图 4-74 所示的界面，在界面上，我们定位光标的位置，然后单击"图片银行"图标。

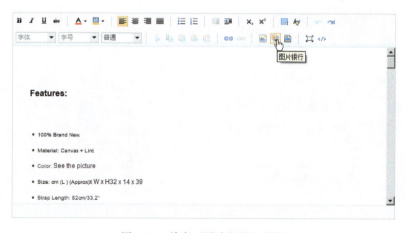

图 4-74　单击"图片银行"图标

接下来，在弹出的对话框中，勾选我们要插入的图片，然后单击"引用此图"按钮，如图 4-75 所示。

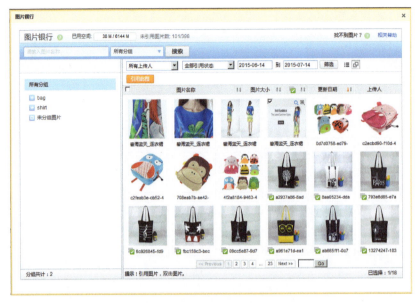

图 4-75　选择要插入的图片

这样，我们就将图片插入到相应的位置了，如图 4-76 所示。

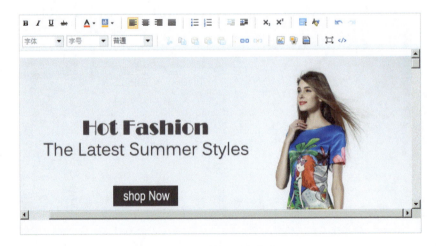

图 4-76　插入图片成功

通过对本节的学习，我们已经学会了图片美化、广告图设计、页面设计和图片切割等操作，并学会了将图片应用到店铺的技术。

第 5 章

详情页打造

本章要点：

- 产品定位
- 标准详情页的规范化布局
- 产品详情页具体制作
- 产品信息模块
- 优化调整

产品详情页的重要性是众所周知的。优质的详情页，不仅能够提高店铺的成交转化率，还可以增加访问深度，降低跳失率，增加产品搜索权重等。那么视觉营销又是如何在详情页中体现的呢？本章就让我们一同来学习详情页的打造。

5.1 产品定位

如果把一个产品的完整上传划分为前期、中期、后期三个部分，产品详情页的视觉打造，应该是处在整个流程的中后期。视觉是电商平台上营销的一个体现手段，它需要几个前提，这些前提包括我们对产品的策划、营销的方式、文案的打造等。

5.1.1 定位消费群体

我们会对所售的产品有一个定位，其中对消费群体的定位，决定了我们将会使用什么样的素材来打造详情页。例如：流行女装产品我们就需要用成人女性作为产品模特，童装就需要儿童作为模特，如图5-1所示。

图 5-1　消费群体

我们也可以定义得更加精准一些，因为每个年龄段的买家对颜色的喜好有所不同。这样我们在设计详情页的时候，就可以大致确定适合用的颜色。例如对服装行业来说：儿童比较活泼，喜欢的颜色也比较鲜艳，我们可以用饱和度比较高的一些色彩，绿色、红色、蓝色等，如图5-2所示；成年时期所具有的活力、性感，我们可以用橙色、红色等来表现，如图 5-3 所示；老年期心态步入平静，喜欢的颜色有白色、蓝色等，如图 5-4 所示。

　　总之，我们要根据产品定位的人群，来搭配选择我们需要的颜色及素材等，这样打造出来的详情页才合乎买家习惯。

图 5-2　童装

图 5-3　成人服饰

图 5-4　老人服饰

同时，对消费群体的定位也带有一定的地域性，由于每个地方的风俗文化不同，人们的喜好也有所不同。所以对不同国家，我们要区别看待。

5.1.2　定位买家性质

我们要定位好买家是什么样的消费群体，是学生，是家长，还是白领。对买家性质的定位，会间接影响到我们详情页的表达。例如，同一个产品，学生可能会更注重外表是否好看，而家长可能会更注重实用性。学生无购买力，通常是由家长来购买的，在设置详情页的时候，实用性的表达就可以偏重一些。

这样根据我们对买家不同性质的定位，可以区别设计详情页，以达到更好的转化效果。

5.1.3　定位产品本身

产品本身适用于哪些人群、哪些场合，也是非常重要的。例如，同样是一款连衣裙，由于风格不同，所出现的场合也会不同，如图 5-5、图 5-6 所示。

图 5-5 温馨

图 5-6 优雅

图 5-5 中的产品更适合居家，主要是展现穿上舒适、温馨和甜蜜的感觉。而后者更适合参加晚会，或者去稍微正式一点的场合，大气又十分优雅。

这样我们就可以按照上面的分析，初步构思一个针对该产品的详情页框架。

5.2 标准详情页的规范化布局

5.2.1 产品详情页的基本构成

对于详情页的理解，是仁者见仁智者见智。关于详情页上面所出现的内容，大家也都有自己的想法。主要内容有以下几点：店铺促销产品、关联营销板块、限时限量促销信息、买家对产品的评价，以及产品描述图、细节图、场景图、对比图，等等。这还是只从产品出发，如果我们要做更好的服务，甚至还需要做团队文化板块、生产工艺板块、物流介绍板块、包装介绍板块、FAQ 板块、退换货处理板块等。

首先我们来看一下关联营销板块，如图 5-7 所示。

图 5-7　关联营销板块

产品细节如图 5-8、图 5-9 所示。

图 5-8　产品细节 1　　　　　　　　图 5-9　产品细节 2

生产工艺板块如图 5-10 所示。

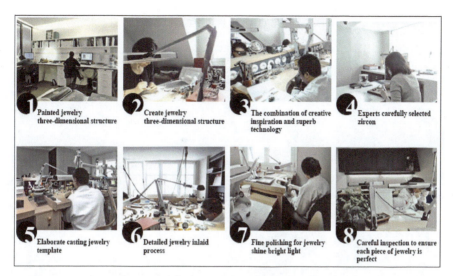

图 5-10　生产工艺板块

物流板块如图 5-11 所示。

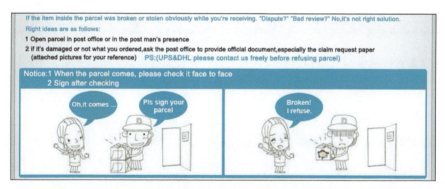

图 5-11　物流板块

当然还有很多其他展示页面的类型，在这里我们就不一一展示了。

5.2.2　产品描述页

产品描述页需要全面细致地体现产品。在早些时候，速卖通只要上传一张图片就可以做到出单，但现在竞争日趋激烈，我们需要对产品有个详细完整的图文描述，这样才能在复杂多变的行业中抢占更多优势。

描述页面又细分为很多种，比如方位图展示，如图 5-12 所示。

图 5-12　正、背、侧方位图展示

5.2.3　所需素材的收集

收集素材基于对产品和消费人群的定位。只有知道买家是哪些人群，才可以找到这些人所喜好的元素。通常设计所用的一些网站如下。

- 图片素材网站有：

昵图网：http://www.nipic.com/index.html

全景网：http://www.quanjing.com/

- 图标素材网站有：

千图网：http://www.58pic.com/

- 设计方案网站有：

花瓣网：http://huaban.com/

站酷网：http://www.zcool.com.cn/

- 字体下载网站有：

素材中国：http://www.sccnn.com/

求字体：http://www.qiuziti.com/

实际可以用到的网站还有很多，我们也可以在有时间的情况下，多浏览一些国外网站，相信大家会找到更好的设计方案和素材。

5.3 产品详情页具体制作

在上传详情页资料时，有很多工具非常实用，非常方便，又能提升我们整个详情页的专业度。那如何利用好这些工具呢？首先就需要从视觉的角度来认识一下产品详情的发布页面，如图 5-13 所示。

图 5-13 详情发布页面

上面的属性与视觉的联系相对薄弱一些，这里我们主要关注产品主图。可以看到，一个完整的产品，它有六张主图的位置可以供上传。我们强烈建议六张图都要利用起来，这样才能更好地、全面地展示产品。

在一些产品发布界面,颜色板块是经常忽略的一个板块,很多卖家出于各种原因没有上传到位,这个板块的一些功能就浪费了。假如一款产品的颜色很多,主图又需要突出场景效果、细节、尺码,就没有更多的空间去展示其他颜色效果了。这时如果能很好地做到对应图片的上传,将会使详情页变得更加专业,如图 5-14 所示。

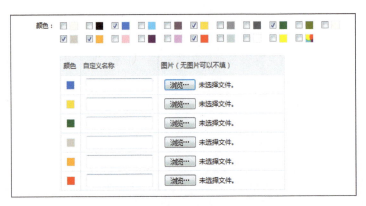

图 5-14　多色产品图片上传

多色效果展示如图 5-15 所示。

图 5-15　多色效果展示

　　接下来是详情打造的主要区域,这里面有很多功能,如果应用恰当,一来可以节省时间,二来可以增加产品的匹配度,从而提高曝光率,如图 5-16 所示。

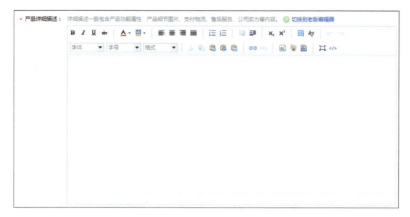

图 5-16　产品详细页描述栏

这里我们具体看一下，工具所具备的功能。

文字是详情页中不可缺少的部分，很多朋友会问，将文字打在图片上可不可以。从表面上看是可以的，达到了让买家看到文字的目的。但是图片上的文字，并不能被抓取到，因此不利于我们的搜索。同时，对于小语种的翻译，图片上的文字做不到这一点。所以详情页中需要用图文两种形式来描述。

首先我们来看一段没有经过任何修饰的文案，如图 5-17 所示。

Payment:
1)Before placing your order, please confirm details with us if you have request on items.
2)Please make payment within 3 days of order if possible.
3)We will just ship the goods to you according to the address that you writed in AliExpress, if you want to change,you must notice me of it.
4)We accept Alipay (escrow),Credit Card, Western Union ,accepted.
Shipping:
1)Your order will be processed in 7 days after your payment.
2)We are not responsible for any delay of orders if we have shipped them.
  Because the Speed of shipping is out of our control.
3)After send, as usual,China Post Air Mail will take about 15-40days to arrive;
  EMS need 5-10 days; Fedex 4-8days, DHL and UPS will take 3-6 days to arrive.
  If the order is during the weekends,it will take 2 days longer.Thank you for your understanding.
4)Any import charges or fees are the buyers responsibility.
5)Feel free to Contact us with any question,we will offer you satisfying answer.
Don\'t submit a dispute optionally.Thank you again!!

图 5-17　未加修饰的文案

这样一片密密麻麻的文字，很难吸引买家的眼神，也很难体现出重点信息。这样造成的后果，最直接的是买家流失，即便是有耐心的买家。换一个角度来考虑，是不是也浪费了买家的时间？

首先我们需要选中所有文字，将文字调到合适大小，然后可以点击字体加粗工具 B ，区别一些重点信息。关键词加粗效果如图 5-18 所示。

Payment:
1)Before placing your order, please confirm details with us **if you have request** on items.
2)Please make payment within **3 days** of order if possible.
3)We will just ship the goods to you according to **the address** that you writed in AliExpress,
   if you want to change,you must notice me of it.
4)We accept **Alipay** (escrow),Credit Card, Western Union ,accepted.
Shipping:
1)Your order will be processed in **7 days** after your payment.
2)We are not responsible for any delay of orders **if we have shipped them.**
   Because the Speed of shipping is out of our control.
3)After send, as usual,China Post Air Mail will take about **15-40days** to arrive;
   EMS need **5-10 days**; Fedex **4-8days**, DHL and UPS will take **3-6 days** to arrive.
   If the order is during the weekends,it will take 2 days longer.Thank you for your
   understanding.
4)Any import charges or fees are the buyers responsibility.
5)Feel free to Contact us with any question,we will offer you satisfying answer.
Don\'t submit a dispute optionally.Thank you again!!

图 5-18　关键词加粗效果

这样一些重点信息就会突现出来。但是，这样还是有些不明显，我们可以将标题的字号继续放大，改变字体颜色，将字体设置为斜体，如图 5-19 所示。

Payment:
1)Before placing your order, please confirm details with us **if you have request** on items.
2)Please make payment within **3 days** of order if possible.
3)We will just ship the goods to you according to **the address** that you writed in AliExpress,
   if you want to change,you must notice me of it.
4)We accept **Alipay** (escrow),Credit Card, Western Union ,accepted.
Shipping:
1)Your order will be processed in **7 days** after your payment.
2)We are not responsible for any delay of orders **if we have shipped them.**
   Because the Speed of shipping is out of our control.
3)After send, as usual,China Post Air Mail will take about **15-40days** to arrive;
   EMS need **5-10 days**; Fedex **4-8days**, DHL and UPS will take **3-6 days** to arrive.
   If the order is during the weekends,it will take 2 days longer.Thank you for your
   understanding.
4)Any import charges or fees are the buyers responsibility.
5)Feel free to Contact us with any question,we will offer you satisfying answer.
Don\'t submit a dispute optionally.Thank you again!!

图 5-19　醒目标题

为了让标题和内容更容易区分，我们可以使用增加缩进量按钮 ，将子级文案整体缩进，如图 5-20 所示。

Payment:
1)Before placing your order, please confirm details with us **if you have request** on items.
2)Please make payment within **3 days** of order if possible.
3)We will just ship the goods to you according to **the address that you writed** in AliExpress,
　if you want to change,you must notice me of it.
4)We accept **Alipay (escrow)**,Credit Card, Western Union ,accepted.

Shipping:
1)Your order will be processed in **7 days** after your payment.
2)We are not responsible for any delay of orders **if we have shipped them.**
　Because the Speed of shipping is out of our control.
3)After send, as usual,China Post Air Mail will take about **15-40days** to arrive;
　EMS need **5-10 days**; Fedex **4-8days**, DHL and UPS will take **3-6 days** to arrive.
　If the order is during the weekends,it will take 2 days longer.Thank you for your
　understanding.
4)Any import charges or fees are the buyers responsibility.
5)Feel free to Contact us with any question,we will offer you satisfying answer.
Don\'t submit a dispute optionally.Thank you again!!

图 5-20　子级文案整体缩进

如果我们对代码有一定的掌握，还可以点击 `</>` 展开源代码，用 Dreamweaver 做一个边框，为标题文字加一个自定义的背景色彩（background-color: #f56e23;），这个颜色可以根据我们的店铺主色调来定，如图 5-21 所示。

Payment:
1 Before placing your order, please confirm details with us **if you have request** on items.
2 Please make payment within **3 days** of order if possible.
3 We will just ship the goods to you according to **the address that you writed** in AliExpress,
　if you want to change,you must notice me of it.
4 We accept **Alipay (escrow)**,Credit Card, Western Union ,accepted.

Shipping:
1)Your order will be processed in **7 days** after your payment.
2)We are not responsible for any delay of orders **if we have shipped them.**
　Because the Speed of shipping is out of our control.
3)After send, as usual,China Post Air Mail will take about **15-40days** to arrive;
　EMS need **5-10 days**; Fedex **4-8days**, DHL and UPS will take **3-6 days** to arrive.
　If the order is during the weekends,it will take 2 days longer.Thank you for your
　understanding.
4)Any import charges or fees are the buyers responsibility.
5)Feel free to Contact us with any question,we will offer you satisfying answer.
Don\'t submit a dispute optionally.Thank you again!!

图 5-21　边框及背景色效果

接下来，我们再看一下关于图片的几个工具。

第一个是图像按钮 。这个按钮对于各位卖家朋友来说应该并不陌生，是我们上传产品时经常用到的按钮。点击这个按钮，从电脑路径里找到我们要上传的产品图片即可，如图 5-22 所示。

图 5-22　图片上传

但在这里很多朋友容易忽略一个细节，这个细节是区别初级与高级详情页的很重要的一个标准。

点击图像按钮 ，上传"网络地址"界面，如图 5-23 所示。

图 5-23　"网络地址"上传

当我们需要上传动态图片的时候，就要将图片的地址放在这个位置，然后上传。而动态图片不能存放在速卖通的图片银行，但是我们可以将动态图片上传到 www.1688.com 图片空间，然后将图片的 URL 地址复制过来，就可以实现动态展示的效果了。

上传好的图片或者文字，如果是需要外链的，我们就要先选中这个图片（如图 5-24 所示）或这些文字（如图 5-25 所示）。

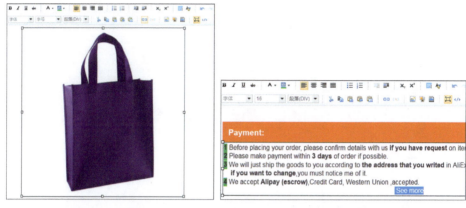

图 5-24　选中图片　　　　　　　　　　　　　　　图 5-25　选中文字

然后点击插入超链接按钮 ，在"网站地址"栏中粘贴上超链接即可。"要显示的文本"栏留空白就可以，如图 5-26 所示。

图 5-26　在"网站地址"栏插入链接

对于我们经常用到的一些图片，也可以放在图片银行一个固定位置，例如产品详情页里面的 Banner 横条。如果之前我们已存放好，在用的时候，只要点击图片银行   就可以找到，然后选择并使用，如图 5-27 所示。

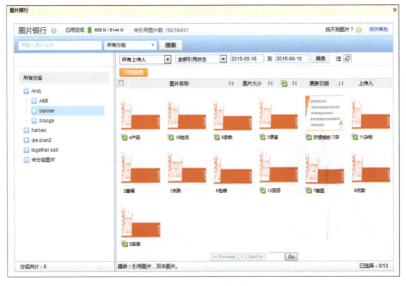

图 5-27　图片银行

在详情发布页面，还有一种情况对于视觉来说比较重要，那就是产品分组。

很多卖家朋友可能不理解，合理清晰的分组，一来方便买家的搜索，二来方便我们管理产品，第三有精确的分类链接，可以方便设计，如图 5-28 所示。所以从视觉角度，分组的设置还是需要重视的。

图 5-28　选择产品分组

5.4　产品信息模块

产品信息模块是内页详情中的模块，用它来制作关联营销或者发布通知、活动预告都是很好的选择。

产品信息模板可以快速加入到多个产品或一类产品之中，它方便我们添加关联产品，放入平台的公告通知，或者放入促销活动信息，还可以放入售后信息等。下面我们就一起来学习。

点击"产品管理"按钮，如图 5-29 所示。

图 5-29　"产品管理"按钮

在左侧栏，点击"产品信息模块"按钮，如图 5-30 所示。

图 5-30　"产品信息模块"按钮

进入产品信息模块，我们会看到"新建模块"选项，如图 5-31 所示。

产品信息模块

产品信息模块是一种新的管理产品信息的方式，您可以为产品信息中的公共信息（例如售后物流政策等）单独创建一个模块，并在产品中引用。如果您需要修改这些信息，只需要修改相应的模块即可。
模块除了可以放置公共信息外，还可以放置关联产品（已上线）、限时打折等（开发中）。
点击这里 了解产品信息模块使用技巧。

| 审核中(0) | 审核不通过(0) | 可使用(24) |

删除 | 新建模块

模块名称	模块类型	操作
NEW SHIPPING	自定义模块	编辑 ▾
Accessories products	自定义模块	编辑 ▾
FAQ AND SO ON-2	自定义模块	编辑 ▾
2015.4.17 UPDATE SHIPPING	自定义模块	编辑 ▾

图 5-31　"新建模块"选项

点击"新建模块"按钮，会出现"模块类型"选择界面，有"关联产品模块"和"自定义模块"两种选择，如图 5-32 所示。

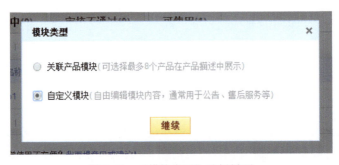

图 5-32　"模块类型"选择界面

（1）关联产品模块。最多可以选择 8 种产品，它的优点是操作简单，工作效率高，如果能统一主图风格，提高美观度，可行性还是非常强的，如图 5-33 所示。

图 5-33　关联产品模块效果

（2）自定义模块。利用切片等功能，加入相关信息，可以有产品推荐、活动公告、售后服务等内容，如图 5-34 所示。

图 5-34　自定义模块

细心的读者可能会发现，在这个自定义模块中并没有展开代码的按钮 <kbd></></kbd> ，那我们如何将自定义模块添加进去呢？这里有一个很灵活的方法：首先可以将做好的切片代码先上传到发布产品页面，产品详情的内部，如图 5-35 所示。

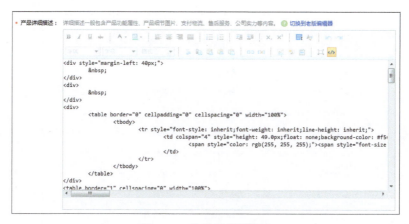

图 5-35　代码放进详情里

将做好的内容转换成图片，再将图片整体复制到产品信息模块，如此就可以实现图 5-34 的效果了。

在这里我们需要特别提示一下，产品信息模块是有字符数限制的。总字符数不能超过 5000 个。所以关联模板也不是想做多少就能实现多少的，要根据实际情况，挑出重点产品来推荐关联，如图 5-36 所示。

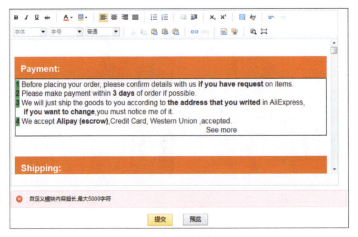

图 5-36　字符数限制

将产品信息模块做好之后，我们只需要在制作详情页的时候，点击 📄 插入产品信息模块，点击选取我们需要的关联模块，并按"确定"按钮，如图 5-37 所示。

图 5-37　选中关联模块

上传成功后，我们就可以在详情页中看到如图 5-38 所示的关联模块后台显示图标，表示我们插入的产品信息模块。同一个详情页之中，只能插入两个产品信息模块。

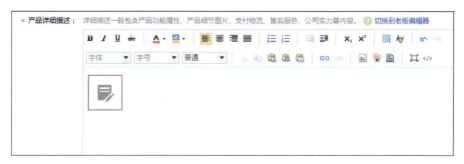

图 5-38　关联模块后台显示

5.5　优化调整

在上传完整的产品详情信息后，我们需要点击"预览"按钮，预览一下产品发布后的大致效果，以及超链接是否有错误，文字对齐、图片大小是否还存在偏差，如图 5-39 所示。

图 5-39　预览，提交

如果检查都没有错误，我们就可以点击提交了。

详情页案例展示如图 5-40 所示。

图 5-40　详情页案例展示

　　通过这一章的学习，大家可以了解高级详情页信息的制作方法，希望大家能学以致用，真正落实到我们的产品描述页面中，以提高产品的转化率。

第 6 章

速卖通旺铺
装修操作指南

本章要点：

- 基础板块操作
- 第三方板块操作
- 旺铺首页设计方法和注意事项

在前面几章的内容中，我们了解了如何进行产品拍摄，如何进行图片处理等。本章将和大家一同学习如何将设计作品上传到速卖通平台。

我们把这一章分为三个部分：基础板块操作、第三方板块操作、旺铺首页设计方法和注意事项。

6.1 基础板块操作

基础板块是速卖通系统自带的装修板块，操作相对来说比较简单，容易理解。它包含店招、图片轮播、产品推荐、自定义内容区等几个板块。

6.1.1 店招

店招就如同实体店的招牌，通常在上面会有我们的店铺名称、LOGO 等内容。买家看到我们的招牌后，能有一个大体的印象，对该店铺中产品有一个大致定位。

1. 店招的制作

系统板块店招的尺寸：宽度为 1200px，高度为 100~150px。店招上传界面如图 6-1 所示。

图 6-1　店招上传界面

建议最好能够将店招区充分利用起来，即把尺寸设置为 1200px×150px，如图 6-2 所示。这样我们的店招看起来就会相对大气一些，从而提高买家的认可度和购物体验。

图 6-2　店招 1

制作店招前，我们首先要注意两个问题：

第一，目前速卖通系统的店招板块，只能加入一个超链接。

第二，在不同的时间段，我们有不同的促销方式和重点推荐产品，因此店招也会随之而改变。爆款产品、产品分类、促销链接等都是我们可以选择的内容。

但是，更多时候我们还是将店招设置为首页的链接。因为买家在进入我们的店铺后如果发现这款产品不能满足他的需要，他可以回到首页继续从我们的产品中挑选，这样就从侧面提高了转化率，降低了跳失率，如图 6-3 所示。

图 6-3　店招 2

这里需要提醒一下，店招不可缺少。如果没有店招板块，首先我们的店铺相对于绝大多数的店铺来说，视觉上显得比较单薄无力，从而降低在买家心中的地位。其次我们也损失了一个非常有优势的自我推销板块。

还有，店招上是需要加超链接的。与其让店招仅仅放在那里，不如让它有些实际功能。加入主推产品链接或者分类链接，都是非常不错的选择。即使实在想不到加什么产品，那就加入首页链接，尽可能发挥它的优势，而不要让它空置在那里。

2．店招的上传

首先，点击菜单栏"店铺"菜单，在左侧边栏点击"店铺装修及管理"按钮，点击"进入装修"按钮，进入速卖通店铺后台装修页面，如图 6-4 所示。

图 6-4 进入后台装修页面

在我们初次进入后台装修页面的时候，店招板块就在整个页面的最上方。如果我们之前不小心删掉了这个板块，只需要将鼠标的光标移动到上方，这时会看到右侧出现"添加模块"按钮，点击可添加模块，如图 6-5 所示。

图 6-5 添加店招模块

这时我们会看到，"模块管理"面板下面出现"基础模块"按钮。基础模块中只能添加一个模块，就是图片店招，点击"添加"按钮，如图 6-6 所示。

图 6-6 添加图片店招

此时店招模块已经出现在我们的后台操作页面中，如图 6-7 所示。

图 6-7　后台操作页面

点击右上角的"编辑"按钮（系统基础板块中，编辑功能都是在右上角出现，后面不再赘述），进入编辑界面，如图 6-8 所示。

图 6-8　进入编辑界面

点击添加图片，如图 6-9 所示。

图 6-9　点击添加图片

这里我们可以看到有"上传新图片"面板，点击"从本机上传图片"按钮。

找到我们之前做好的店招，选择并打开，如图 6-10 所示。

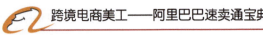

图 6-10　选择店招

上传成功后，点击"使用这张图片"按钮，设置店招高度为 150px，这样就可以了，如图 6-11 所示。

图 6-11　使用店招

3. 动态店招的上传

有的朋友会问，为什么会有动画出现在一些店铺的店招之中？速卖通支持 GIF 格式的动画吗？

　　答案是否定的。速卖通图片银行不支持 GIF 格式图片的上传。那所看到的动态图片又是如何展示的呢？在这里我们推荐给卖家朋友另外一个图片银行：www.1688.com。打开这个网址，登录淘宝账号就可以进入 1688 的图片空间。将动态图片上传到这里，就可以在速卖通上使用了。具体操作如下。

　　进入旺铺管理，如图 6-12 所示。

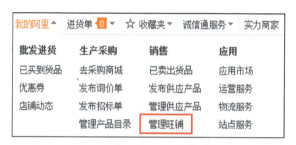

图 6-12　进入旺铺管理

　　点击"上传图片"按钮，选择图片并上传即可，如图 6-13 所示。

图 6-13　上传动态图片

　　上传完成后，我们找到这张图片，点击左上角"复制地址"按钮，会出现 HTML

代码和 URL 地址，点击复制 URL 地址，如图 6-14 所示。

图 6-14　复制 URL 地址

将 URL 地址复制好，我们再回到速卖通后台，点击"从 URL 添加"按钮，将制作好的动态图片的 URL 地址粘贴进去，点击"确认"按钮就上传完成了，如图 6-15 所示。

图 6-15　粘贴 URL 地址

这样动态店招就出现在我们的板块之中了，之后加上我们需要的链接，完善店招功能即可。

4. 店招超链接

无论上传的是普通店招还是动态店招，我们都需要加入对应的超链接，这样店招板块才算完整。

在这里特别提醒一些卖家朋友，在加超链接时，一定要注意是前台链接，而不能用后台链接，经常看到有卖家朋友在后台操作的同时，将后台打开产品管理的链接加上去了。

这样的链接对于我们的买家来说是无效的，因为买家无法登录我们的后台。那么如何正确加入链接呢？我们需要规范化的操作。

依次点击"我的速卖通""进入我的商铺"按钮，进入店铺前台，如图 6-16 所示。

图 6-16　进入商铺前台

这时在店铺内搜索出我们需要添加的产品链接，或者分类链接、首页链接，粘贴到指定位置即可，如图 6-17、图 6-18 所示。

图 6-17　店铺链接地址

图 6-18　加入链接

　　图片上传完成，加入对应的链接，设置好高度，我们的店招就完成了，点击保存即可。

6.1.2　轮播海报

1．海报的制作

　　系统板块海报的尺寸：宽度为 960px，高度为 100~600px，如图 6-19 所示。

图 6-19　图片轮播界面

对于 960px 宽度的轮播海报，建议高度为 400px 就可以了。

轮播海报设计会占用很大的空间，并且占用的是重要而有价值的空间，那么卖家朋友就需要十分小心地去处理，如果处理得好的话，将会事半功倍，对于信息传达非常有效，如图 6-20 所示。

图 6-20　海报 1

在设计海报的时候我们需要注意以下几点。

要有有效的文案与行为导向按钮。在轮播海报设计中通过真实产品的展示，并配以营销型的文案口号，这样我们产品的卖点会很容易抓住买家的心。当买家产生购买冲动的时候，就需要有一个醒目的引导按钮可以直接引导用户点击，从而达到我们预期的目的，如图 6-21 所示。

图 6-21　海报 2

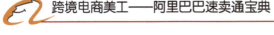

　　轮播海报中配以插图及清新的手绘，会让页面倍感亲切。这个方式能提高我们店铺的活力与亲切感，如图 6-22 所示。但时间成本相对来说就花费得多一些，也是我们不能忽略的一点。

图 6-22　海报 3

　　引入肢体语言可以让海报画面变得生动。我们可以选择带有肢体语言特点的一些素材，或者去图库下载，或者自己拍一张，都是很好的，如图 6-23 所示。

图 6-23　海报 4

　　要有丰富的产品展示组合效果。用布局特效来展示不同的作品，并附上一条介绍性的口号，可以让网页变得更有说服力，丰富而富有层次感，如图 6-24 所示。

　　关于内容方面，我们可以放的有很多，节日海报、促销海报、类目海报、团队形象都是可以的。

图 6-24　海报 5

2. 海报的上传

在主区点击"添加模块"按钮，添加图片轮播，如图 6-25、图 6-26 所示

图 6-25　添加模块

图 6-26　添加图片轮播模块

在弹出的窗口中，按照提示，选择"从本机上传图片"就可以了。如果想要多添加一张海报，只需在下方点击"点击添加图片"按钮，如图 6-27 所示。一个图片轮播

最多可以放 5 张图片。

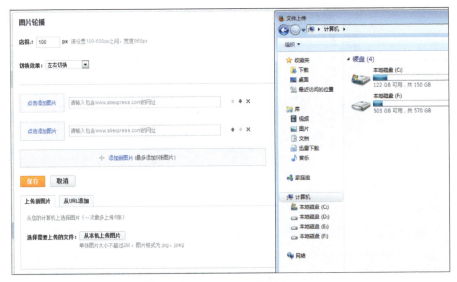

图 6-27　选择上传图片

3. 海报的链接

　　海报上传完成后，我们从店铺前台找到对应的产品链接，将链接复制到海报对应的右侧地址栏内，如图 6-28 所示。

图 6-28　加入对应链接

　　按同样的道理，添加多张海报时，只要依次将产品或者分类链接对应复制进去就可以了。

4．海报的类型

　　海报更多时候承载了店铺产品自我营销的重要任务。针对不同时间、不同情况我们店铺主推的产品也会不同，所以海报类型也可以分为很多种。

　　主推产品海报如图 6-29 所示。

图 6-29　主推产品海报

　　主营分类海报如图 6-30 所示。

图 6-30　类目海报

　　节日营销海报如图 6-31 所示。

图 6-31　节日海报

活动营销海报如图 6-32 所示。

图 6-32　活动海报

店铺优惠海报如图 6-33 所示。

图 6-33　优惠信息海报

团队展示海报如图 6-34 所示。

图 6-34　团队展示海报

6.1.3　产品推荐

1. 产品推荐板块设置

基础板块中的产品推荐板块，相对来说是很容易操作的一个板块。制作者不需要太多的专业技术，只需要按照提示操作就能达到一定的效果。对于普通卖家来说，这是一个非常实用的板块。

点击"添加模块"按钮，在"基础模块"中找到"产品推荐"，点击"添加"按钮，如图 6-35 所示。

图 6-35　产品推荐

点击板块右上角的"编辑"按钮，进入"产品推荐"板块设置，如图 6-36 所示。

图 6-36　产品推荐设置

　　按照提示，首先我们可以选择"显示模块标题"选项，这样就需要为该模块设置一个英文标题，此标题不能超过 64 个字符。如果我们选择不显示标题，那就不需要设置标题名称了。

　　"展示方式"我们选择一行 4 个产品，或者一行 5 个产品，都是可以的，如图 6-37、图 6-38 所示。

图 6-37　一行 4 个产品

图 6-38　一行 5 个产品

"产品信息"我们可以选择全部信息展示，或者选择鼠标划过效果展示。

"推荐方式"可以选择自动或者手动方式。

首先我们来看一下自动方式。如果现在我们需要添加一个 Top selling 板块，那么就需要选择自动方式。在排序方式下拉菜单中，选择"按销量降序排列"，如图 6-39 所示。

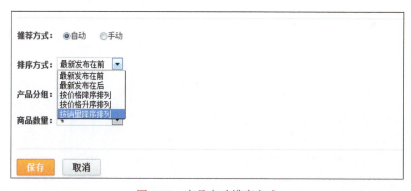

图 6-39　产品自动排序方式

我们还可以将 Top selling 设置得更精准一些，那就需要在产品分组中调成我们需要的产品类目。例如女装、男装、童装等，这样我们的板块就会变成女装类目销量排行，或者男装类目销量排行等。

在"产品数量"一栏我们必须选择一个数字，可以选择一行 4 个，或者一行 5 个产品来展示。

全部设置好后，点击保存，发布就可以了，效果展示如图 6-37、图 6-38 所示。

手动选择更加简单，只需要将我们想要展示的产品一个一个添加到推荐即可，如图 6-40 所示。

图 6-40　手动选择产品

2. 侧边栏产品推荐

点击左侧边栏上的"添加模块"按钮，添加产品推荐模块。

侧边栏的产品推荐模块，只能纵向排列，推荐方式的设置和主区的设置是相同的，如图 6-41 所示。

图 6-41　侧边栏产品推荐设置

设置好对应参数，点击保存，发布就可以了，效果展示如图 6-42 所示。

图 6-42　侧边栏产品推荐展示

6.1.4　自定义板块

1.　自定义板块的应用范围

　　由于自定义板块非常灵活，卖家朋友们可以通过编程软件，以文字、图片、表格等形式自定义编辑内容，所以可以应用的范围也比较广。自定义板块可以作为产品海报的展示板块，也可以作为产品推荐板块，标签导航板块等，如图 6-43 所示。

图 6-43　自定义板块

2．自定义板块的设置

点击"添加模块"按钮，在"基础模块"中找到"自定义内容区"，点击"添加"按钮，如图 6-44 所示。

图 6-44　添加自定义

点击"编辑"按钮，进入自定义板块，我们可以看到，自定义板块的功能键和详情编辑板块的工具栏十分类似，如图 6-45 所示。

图 6-45　自定义内容区操作界面

按照之前我们所学到的 Photoshop 技巧和 Dreamweaver 的内容，将我们设计的板块切片编辑成代码，点击源代码图标，将代码粘贴进来，保存就好了，如图 6-46 所示。

图 6-46　源代码图标

在这里需要特别提醒一点，速卖通系统板块中的自定义内容区是有字符限制的。每个自定义板块不能超过 10000 个字符，如果一个板块内加入很多产品，我们就需要考虑一下字符是否够用，如图 6-47 所示。

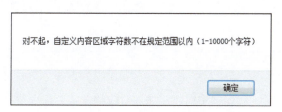

图 6-47　自定义字符限制

效果展示如图 6-48 所示。

图 6-48　自定义效果展示

3. 动态图片的应用

　　自定义内容区也可以加入动画，方式和详情页中加入动画的方式是一样的。首先我们需要将制作好的动画上传到 www.1688.com，复制图片的 URL 地址，粘贴到网络地址文本框中，点击"确定"按钮，如图 6-49 所示。

图 6-49　动态图片链接上传

上传好图片之后，我们选中图片，加入对应的链接，保存发布即可。

6.2　第三方板块操作

第三方板块从 2014 年 9 月开始正式面向速卖通卖家，给我们提供了一个更加专业的装修平台，包括各种特效模块、全屏轮播、自定义板块等。下面我们就一同来了解一下第三方板块的内容。

要使用第三方板块，首先需要进行购买。登录装修页面，点击"模板管理"按钮，如图 6-50 所示。

图 6-50　进入模板管理

进入模板管理，我们可以看到目前正在使用的模板，如果之前没有购买其他模板，那就会显示系统默认的基础模板，如图 6-51 所示。

图 6-51　进入装修市场

点击"装修市场"按钮，进入第三方装修模板市场，如图 6-52 所示。

图 6-52　挑选合适的模板

我们可以按照左侧的分类，进行初步筛选，找到适合自己行业的模板。点击进入已选定的模板，这时会出现购买的按钮和使用时间的选择。我们可以先进行试用，如果确定合适，再进行购买，如图 6-53 所示。

图 6-53　点击试用

点击"马上试用"按钮，进入后台装修页面，这时我们的后台已经可以显示试用的第三方模板的效果了，如图 6-54 所示。

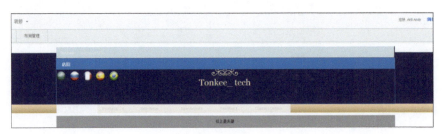

图 6-54　试用后台效果

点击右上角的"预览"按钮，还可以看到模板发布后的大致效果。

目前平台模板仅支持线下付款，可点击"我要购买"按钮，按提示信息联系设计师购买。

购买成功后，我们就可以正式开始装修工作了。在这里特别提示一下，目前装修市场上有很多版本的模板，不同的设计师在编辑的时候也会有所不同。所以在购买时一定要试用一下，找到最适合自己的那款。

6.2.1　店招

第三方模块中的店招板块，比系统提供的基础板块要强大很多，从各个方面都已经脱离了之前技术的束缚。店招具体增加了哪些功能，现在就让我们一起来学习一下。

1. 店招的制作

首先第三方模块中店招板块已能够达到全屏的视觉效果，这样就与之前系统的基础板块有了根本上的不同。同时第三方板块又给我们提供了自定义区域，和其他功能区域。

点击店招板块右上角的"编辑"按钮，如图 6-55 所示。

图 6-55　编辑店招

进入店招板块，如图 6-56 所示。

图 6-56　店招设置界面

首先我们看一下店招内容。如果我们拿到一个模板后并不需要太大改动，只需要改一下店铺名称，那我们调整一下店招内容就可以了，如图 6-57 所示。

图 6-57　店招基本信息设置

"店招图片"，我们可以上传一张制作好的店招图，它的宽度是 1200px。如果觉得这样很麻烦，想直接用一种颜色来作为店招背景，那么，我们直接在这里输入颜色代码就可以了，例如：白色——"#ffffff"，黑色——"#000000"（这个颜色代码是 RGB颜色表中的，我们可以在网上查到，也可以用 Photoshop 软件"吸管"工具取出你需要的颜色，直接查看颜色的数值）。

"店铺名称"，直接输入我们想好的店铺名或者公司名称。

"字体"，我们可以从里面选一个字体，这个字体是指我们上面设置的店铺名的字体。

"大小"，是我们店铺名的字体大小，数值越大，文字越大。

"颜色"，是指我们上面设置的店铺名的颜色，我们可以用颜色代码来设置。

"位置"，这个设置相对来说复杂一点，左边是水平距离，右边是垂直距离，单位为像素。我们可以通过不断地调试，来找到最合适的距离。

接下来是店铺标语的设置。如果我们不填写标语，那它就默认为不显示。这里我们填写"Happy shopping，better living!"

下面这个"字体"就是指标语的字体了，"大小""颜色""位置"也都是设置标语的参数。

标语可以与店铺名称对齐，只是我们要考虑一下，店铺名称是有一定高度的，所以，标语的垂直高度要加上店铺名称的高度距离。

按照上图所设置的参数我们可以得到的效果，如图 6-58 所示。

图 6-58　基本信息展示效果

我们接着看一下搜索栏，如图 6-59 所示。

这是搜索栏的设置方式，我们可以将最近热卖的型号，或者市场热搜的款式，作为默认显示搜索文字。下面的"关键字"一栏，可以放产品分类的关键词，或者是几款热卖产品的关键词。关键词与关键词之间需要用"|"分隔开（不同设计师编辑的分隔符会有所不同，还有用"+"或其他符号分隔的。这里我们所使用的第三方板块，"|"为分隔符）。

"关键字链接"需要对应上面关键词的顺序，依次放入链接，同样是用"|"做分隔符。

店招

店招内容　　搜索　　国际语言　　功能图标　　宝贝轮播　　背景　　显示设置

【店内搜索】

搜索词　　　Lenovo vibe　　　　　　　　　　　搜索框中默认显示的文字

关键字　　　Xiaomi|Meizu|Huawei|ZTE|ZOPO|Eleophone

搜索框下方文字,多个用 | 分开

关键字链接　http://www.aliexpress.com/wholesale?
catId=0&initiative_id=SB_20150617015714&SearchText=xiaomi|http://www.ali
express.com/wholesale?
catId=0&initiative_id=SB_20150617015732&SearchText=meizu|

多个用|分开

显示位置　　　　　　　　　　　　　　　　　　水平|垂直,如：100|100

保存　　取消

图 6-59　搜索栏设置

"显示位置"和店铺名的位置设置是同样的道理，我们这里可以设置"700|45"，这样就不会覆盖住我们之前所设置的内容。

在设置完所有内容后保存，如果搜索栏没有出现，我们需要重新编辑一下店招板块中的"显示设置"这一栏，如图 6-60 所示。

我们需要选中"搜索"选项。同样的道理，如果我们需要增减哪些板块，直接在这里调节就可以了。

图 6-60　显示设置勾选

显示效果如图 6-61 所示。

图 6-61　搜索栏效果展示

继续看"国际语言"的设置，如图 6-62 所示。

图 6-62　小语种设置

这个板块设置相对简单，只要按照提示来选择需要的语言就可以了，试设置一下图标大小、形状。位置的设置，依然和前面所讲到的道理相同。

接下来是"功能图标"的设置，如果我们需要添加店铺收藏的按钮，增加店铺二维码、优惠券等，就可以在这里进行设置，如图 6-63 所示。

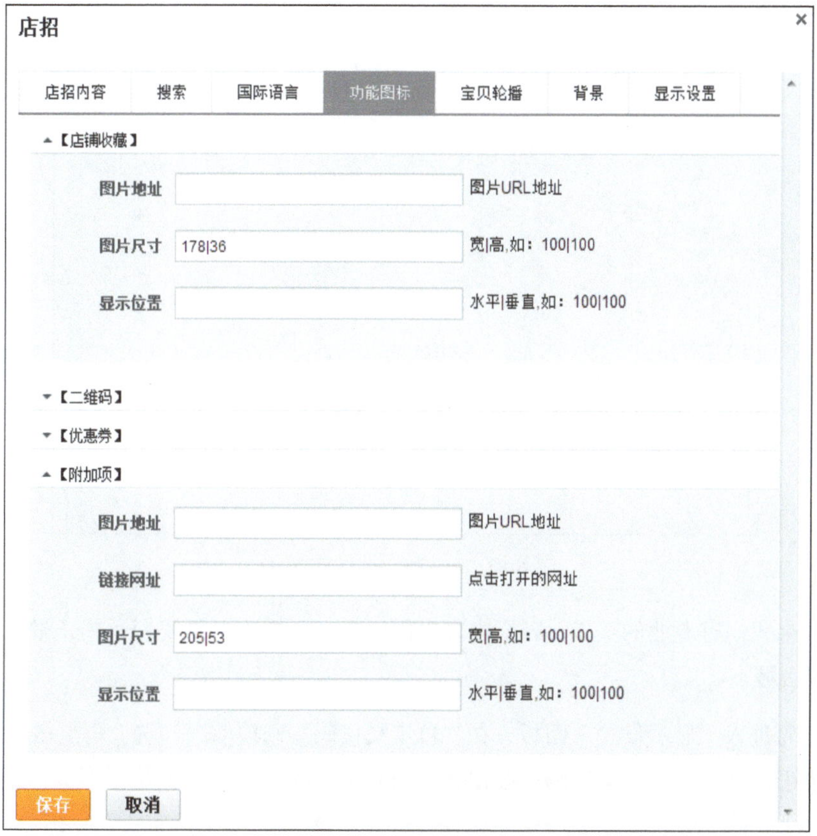

图 6-63　功能图标设置

如果默认的图标你并不喜欢，那我们只需要重新做一个图标，上传到图片银行，将图片的 URL 地址复制过来就可以了。

按照此方法，我们也可以制作个性化的二维码，来吸引买家搜索。

"宝贝轮播"的设置比较简单，我们只需要按照提示选取要推荐的产品即可，如图 6-64 所示。

以上就是按照板块提示功能来制作店招的方法。

图 6-64　店招区宝贝轮播设置

如果我们有专业的美工，店招内容里面还有一个板块可供我们运用，那就是自定义代码区域。

首先进入"显示设置"面板，在"自定义代码"选项前面勾选。再点击"店招内容"按钮，点击"自定义代码"按钮，如图 6-65 所示。

图 6-65　自定义店招设置

在自定义代码区，可以自由设置我们所需要展示的内容，添加产品分类，上传动态图片等。只是这个方法，通常来说只有专业的美工人员才会去做。这里给大家大致梳理一下步骤。

现在第三方模板已经改进得比较完善，自定义设置的内容并不会影响其他功能图标的使用。也就是说，即便是我们放了自定义的内容，我们的店铺收藏、搜索等功能区依然可以正常使用。我们可以穿插切片，使用 Dreamweaver 做好代码，将代码直接放进去，保存就好，如图 6-66 所示。

图 6-66　动态店招

这个店招，就是实际运用自定义功能的案例。中间是一个闪动的信息，是 GIF 格式的动态图，存放在 www.1688.com 图片空间，两个产品作为一个独立的切片，单独加入产品对应的链接，再加入模板自带的收藏图标、搜索框，一个动态的自定义店招就设计好了。

2. 店招的上传

如果是自定义店招上传，我们需要将自定义代码做好，然后粘贴进指定的自定义区域就可以了。

切片的图片如果宽度不大，可以放在速卖通图片银行，如果店招是 1200px 宽的图片，速卖通图片银行目前是无法支持这么大的图片的，所以我们依然需要借助 www.1688.com 的图片银行，然后将图片的 URL 地址粘贴过来。

店招背景的上传也应该注意一下。点击"背景"按钮，如图 6-67 所示。

图 6-67　店招背景上传

背景图片在制作的时候，要比店招图片大一些，建议宽度为 1920px。

导航的颜色背景和图片背景也是在店招板块设置的。我们只需要找到对应的位置，将做好的导航背景颜色代码填写进去，或者将图片的 URL 地址粘贴进去就可以了。

3．店招超链接

第三方模板下的超链接，我们只需要按照提示，粘贴到对应位置就可以了，在粘贴超链接的时候我们需要注意，不能添加后台链接。在上传完成后，可以发布到前台，自己再检查一遍链接是否有误。

6.2.2　全屏海报

1．全屏海报的制作

全屏海报的出现是平台一次巨大的进步，这个板块可以更大气，更丰富，更生动地来展示我们的产品，如图 6-68 所示。

图 6-68　全屏海报

但是具体在操作的时候，我们还是需要考虑更多细节因素。下面我们就一起来看一下。首先设置一个宽度为 1920px，高度自定义（建议高度 400~600px）的海报，如图 6-69 所示。

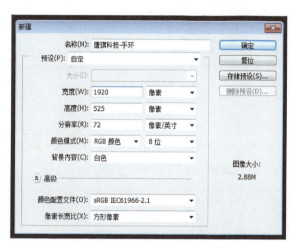

图 6-69　Photoshop 全屏海报设置

这时我们需要考虑一下全屏海报在各种屏幕上显示的效果，对于一个普通尺寸的屏幕，1200px 的宽度已经接近边缘，这样我们在做 1920px 宽度海报的时候，主要参数就不能超出这个范围。

所以我们需要在左右两边各设置两条参考线，左边参考线位置为垂直 360px，右边参考线位置为垂直 1560px，我们的主要参数都要在这个区域之中，如图 6-70 所示。

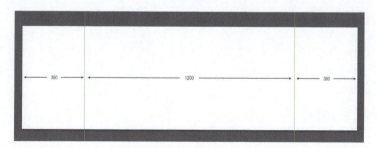

图 6-70　全屏海报尺寸

然后就可以将我们的资料和素材逐一放进去，设计我们的全屏海报了，如图 6-71 所示。

图 6-71　主内容区

2. 全屏海报的上传

全屏海报的图片很大，所以我们需要用到 www.1688.com 的图片空间，将图片的 URL 地址添加到图片相应位置即可，如图 6-72 所示。

图 6-72　海报 URL 地址上传

添加第二张、第三张海报，只需要点击海报前面对应的三角，按照上述同样的步骤添加图片 URL 地址即可，如图 6-73 所示。

【海报一】

图片地址	http://img.alicdn.com/imgextra/i4/1072527!	图片URL地址,宽1920高不限
链接网址	http://www.aliexpress.com/store/product/O	点击打开的网址
热点设置	400,40,140,140|600,40,140,140	水平|垂直|宽|高
热点链接		点击打开的网址
图片高度	588	填数字,如:430

▼【海报二】

▼【海报三】

▼【海报四】

保存　取消

图 6-73　添加海报数量

3. 全屏海报板块与背景的关系

我们在编辑全屏海报的时候可以看到这样一个功能——页面背景。这个页面背景到底有什么作用呢? 我们一起来看一下, 如图 6-74 所示。

图 6-74　页面背景效果

自定义板块只有 1200px 的宽度, 为了补充自定义板块的不足, 或者为了让我们的网站看起来更加丰富, 我们可以使用背景来完成这一点。1200px 之外显示的部分就属于背景部分，它的设置如图 6-75 所示。

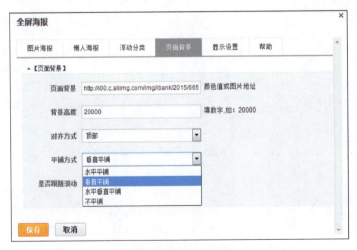

图 6-75　页面背景上传

我们需要将背景图片上传到 www.1688.com 图片空间，将背景图片的 URL 地址添加到"页面背景"一栏。"背景高度"按照我们设计的背景高度来写即可。通常"对齐方式"我们选择"顶部"，"平铺方式"选择"不平铺"，如图 6-76 所示

图 6-76　页面背景设置方式

"是否跟随滚动"，我们可以选择"固定背景"或者"滚动背景"，如图 6-77 所示。

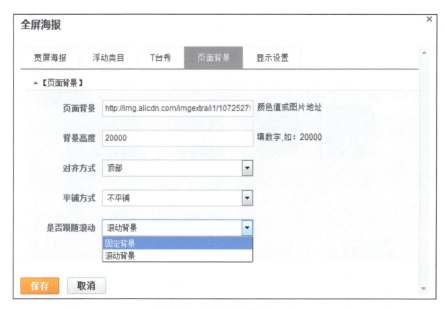

图 6-77　页面背景滚动方式

固定背景并不会随着中间的产品展示区域变动，如图 6-78 所示。

图 6-78　固定背景 1

那什么情况下我们用这样的固定背景呢？当我们在背景上做一个推广信息时，就体现出固定背景的优势了，如图 6-79 和 6-80 所示。

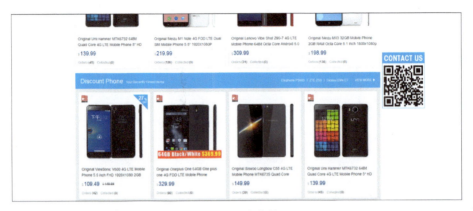

图 6-79　固定背景 2

图 6-80　固定背景 3

无论我们的产品区滚动到哪里，背景显示的推广信息，或者其他信息，是不会移动的。这样的方式也方便我们在店铺内部对新产品进行推荐和打造。

滚动效果背景会随着主区产品的滚动而滚动，它的优势在于，让自定义部分全屏显示，更加大气，如能很好地配合其他板块，会让店铺显得更加灵活，更加专业，如图 6-81 所示。

但滚动背景也是有局限性的，首先是技术方面的局限性，需要高级美工才能做这样一个设计优良的背景，其次，太大的背景会增加页面流量，影响买家打开店铺的速度。所以滚动背景也不是越大越好，高度适当就可以了。

图 6-81　滚动背景

6.2.3　广告墙

广告墙是一个固定的推广板块，它具有个性化布局效果，支持多张图片酷炫切换，展示形式丰富生动，如图 6-82 所示。

图 6-82　广告墙效果

1. 广告墙的设置

点击"添加模块"按钮，在第三方模块中找到广告墙。点击"添加"按钮，如图 6-83 所示。

图 6-83　添加广告墙

点击"编辑"按钮，进入广告墙设置。我们可以先手动选择添加宝贝，再将我们做好的广告图上传到图片空间，然后将图片地址复制进来，如图 6-84 所示。

图 6-84　广告墙的设置

在这里，我们无法看到所需图片的大小，所以无法定位设计图片的大小。那怎么办呢？点击"帮助"按钮，选择"尺寸提示"为"打开"，如图 6-85 所示。

图 6-85　打开尺寸提示

点击"保存"按钮，我们再次看到后台的广告墙模块，上面就会提示我们对应的广告图位置和所需尺寸大小，如图 6-86 所示。

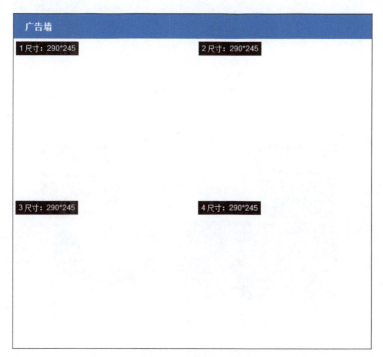

图 6-86　尺寸提示信息

2. 广告墙的灵活运用

不同的版本，不同的第三方，广告墙的排版方式也是各不相同。但从根本上来说，其功能的体现是没有什么太大区别的。

对于技术上不占优势的卖家朋友，也可以好好利用这个板块，做出有专业感觉的店铺首页。我们只需要按照提示的信息，裁剪一个规定大小的图片，然后打上文字即可，如图 6-87 所示。

图 6-87　广告墙效果 1

如果店铺有满立减、发优惠券等活动，在这里我们也可以灵活地添加一个领取优惠券的信息提示，将链接地址设置关联 Sale Items 就可以了，如图 6-88 所示。

图 6-88　广告墙效果 2

6.2.4　自定义板块

第三方的自定义板块，比我们的系统板块要复杂得多，但事情是相对的，它们虽然复杂，但能够实现的视觉效果也是非常多的。

点击"添加模块"按钮，在"第三方模块"中找到"自定义"按钮，点击"添加"按钮，如图 6-89 所示。

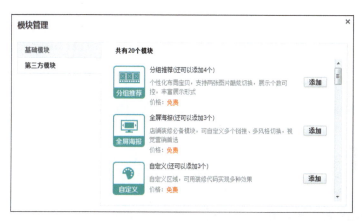

图 6-89　添加自定义板块

我们可以看到，第三方模块的自定义板块，去除了所有系统板块下的功能键，在没有这些功能键的情况下，我们只能借助于 Dreamweaver 等一些专业软件，来制作自定义代码，如图 6-90 所示。

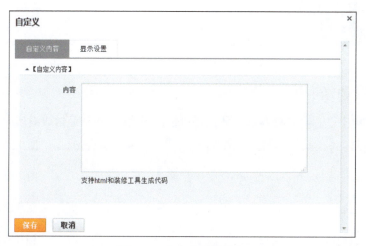

图 6-90　自定义操作界面

代码制作完成后，将它复制进来，点击保存就可以了。

1. 第三方板块中自定义板块的应用范围

自定义板块可以按照我们需要的表现方式来设计，构造。

首先，切片是比较常用的一种方式，当然目前第三方板块也已经支持热点链接了，技术方面比较有优势的卖家，就可以利用这个功能，对产品进行更好的打造。

其次，我们可以编辑表格，用文字和图片穿插排版，做一个灵活的分类设计。

第三，我们还可以使用第三方工具 http://tool.romenote.com 导出代码，直接复制到自定义板块，如图 6-91 所示。

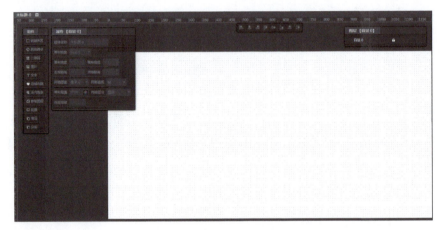

图 6-91　第三方应用工具

2. 动态语言的运用

在使用第三方自定义模板时，我们还可以运用代码，将产品做成滚动展示的形式。

<marquee behavior="alternate">文字或者图片</marquee> 图片或者文字来回滚动

<marquee direction="up">文字或者图片</marquee>　　　　图片或者文字由下至上滚动

<marquee direction="down">文字或者图片</marquee>　　图片或者文字由上至下滚动

<marquee direction="right">文字或者图片</marquee>　　图片或者文字由左向右流动

<marquee behavior>文字或者图片</marquee>　　　　　　图片或者文字由右向左流动

选择一种滚动方式，将代码放在图片或者文字代码的前面，如图 6-92 所示。

图 6-92　插入运动代码

保存后，我们就看到一个动态的板块跃然我们的店铺中了。

6.2.5　产品推荐

要添加模块，首先从第三方模块中添加产品推荐板块。点击"编辑"按钮进入设置页面，如图 6-93 所示。

图 6-93　添加产品推荐板块

在"获取方式"这里，我们可以选择手动或者自动方式，如果需要做一个 Top selling 这样类型的板块，我们可以使用自动方式，然后在"排序方式"中选择"按销量降序排列"。如果仅仅是推广新产品或者热卖产品，我们会使用手动选择方式，然后手动勾选我们所需要展示的产品，如图 6-94 所示。

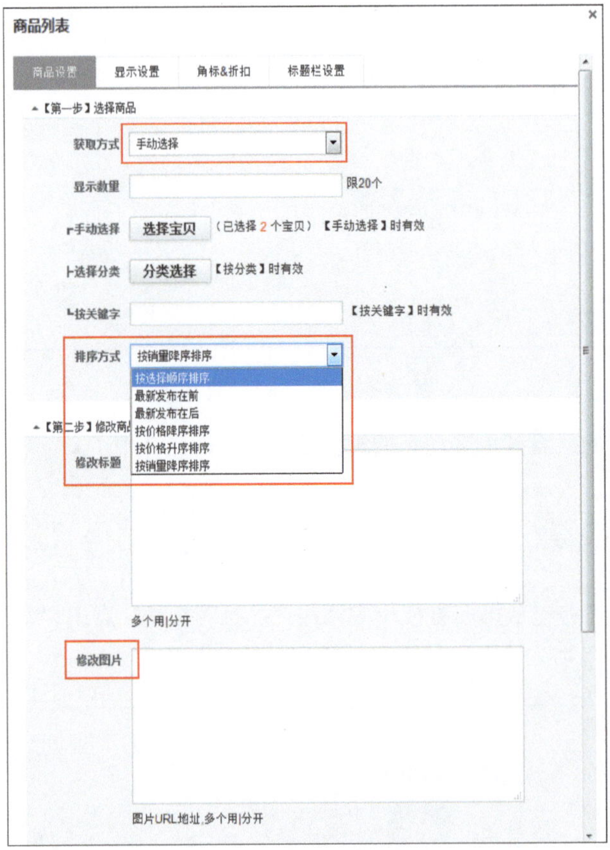

图 6-94　设置产品推荐

在图 6-94 中，我们也可以看到"修改图片"这一栏。如果卖家朋友觉得产品主图需要更好的表达方式，就可以将自由设计的产品主图上传到这里。

操作方法是，将对应产品的 URL 地址粘贴进来，并以"|"隔开每个图片。

在"显示设置"中，我们还可以选择添加折扣信息、角标等。对于每行的显示数量，我们可以自由把控，2~6 个都可以，如图 6-95 所示。

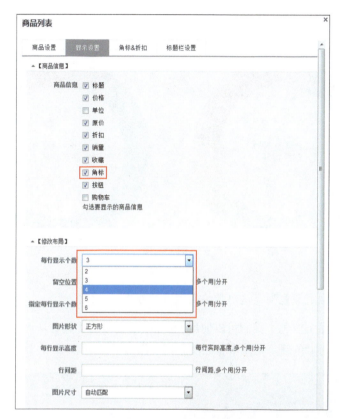

图 6-95　设置产品推荐显示效果

6.3　旺铺首页设计方法和注意事项

进入首页，买家会对我们店铺产生一个整体形象的认知。首先，是对我们主推产品的认知。买家可以在较短的时间，有限的空间之内，迅速了解我们店铺内的重点产品和优惠信息。其次，是对我们隐形体现的专业度的认知。买家看到一个专业的首页，从而可以感觉到很多隐性的信息：我们的做事态度、我们的服务能力、我们的团队文化等。本节内容主要告诉大家首页设计的一些方法和注意事项。

6.3.1　根据产品定位店铺主色

颜色是店铺设计的一个方向，只有确定好与产品相符的颜色，才能更好地对店铺进行设计展示，如图 6-96 所示。

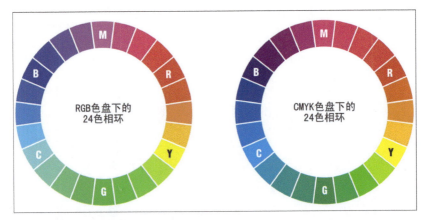

图 6-96　颜色

那如何来确定颜色呢？这里教给大家三种方法。

（1）从产品上取色。我们可以使用 Photoshop 的吸管工具，从产品照片上取色，作为我们店铺的主色调。操作步骤如图 6-97、图 6-98 所示。

图 6-97　产品取色 1

图 6-98　产品取色 2

对于木质家具产品，可以从上面取木纹的颜色，实际案例如图 6-99 所示。五金产品可以取金属的银灰色，实际案例如图 6-100 所示。

图 6-99　效果 1

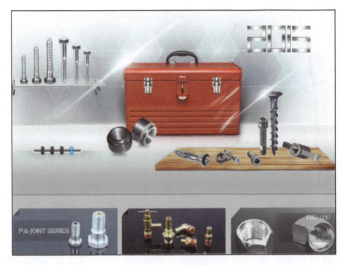

图 6-100　效果 2

（2）根据适用人群取色。例如儿童服饰，我们会选择鲜艳的颜色，体现多彩的展示风格。对于成年男士服饰，一般都会选择整体偏暗、厚重的颜色，体现沉稳大气的展示风格，如图 6-101 所示。

图 6-101　按人群取色效果

（3）概念性取色。每个颜色都有属于自己的心理暗示意义。

例如我们想打造一款环保产品的网页界面，我们首先就可以考虑用绿色作为主色调，如图 6-102 所示。

图 6-102　绿色主题

再如科技产品，从概念性角度来取，我们一般会选择蓝色，通常我们看到的科技网站也大都以蓝色为主色调，如图 6-103 所示。

图 6-103　蓝色主题

颜色并没有绝对的好坏之分，只有在恰当的时间，恰当的地点，恰当使用才是最好的。

下面是常用自然色对应的意义：

● 红色

热情，活泼，张扬。

● 橙色

时尚，活力，动感。

- 蓝色

清爽，自由，科技。

- 绿色

清新，健康，环保。

- 紫色

神秘，高贵，优雅。

- 黑色

深沉，压迫，庄重。

- 白色

清爽，无瑕，简单。

6.3.2　首页设计的版式

确定好色彩，我们可以考虑一下版式布局了。

系统模板下我们采用的都是双栏的布局方式，左侧栏为功能区，右侧为产品展示主区，如图 6-104 所示。

图 6-104　基础板块布局

　　这是中规中矩的一种布局方式，右侧区域可以发挥的板块比较多。有图片轮播、产品推荐、自定义内容区等，我们可以按照需要，穿插各种板块来设计。效果如图 6-105 所示。

图 6-105　基础板块效果

　　对于第三方装修板块，我们的布局方式就灵活许多。全屏轮播通常都在最上面，下面可以接产品推荐，也可以设置广告墙、自定义模板等，如图 6-106 所示。

　　当然实际案例会更加丰富一些，案例展示如图 6-107 所示。

图 6-106 第三方模板布局

图 6-107 第三方装修板块效果

6.3.3　首页设计注意事项

（1）阿里巴巴速卖通平台不支持非阿里平台的链接，所以任何外链都是不允许加入的。

（2）前台链接和后台链接是有区别的，买家只能看到我们的前台链接，后台链接是无法打开的，所以一定要能从前台搜索到对应产品链接，再将链接加到产品上。

（3）发布前一定要进行效果预览，点击每一个链接，每一张图，检查链接是否匹配，或者存在误差。

（4）确认无误后发布。用不同的浏览器打开店铺链接，看是否有错位情况存在。

（5）建议用谷歌、IE、火狐等国外买家经常用的浏览器来上传旺铺设计，降低产生误差的几率。

第 7 章

视觉营销
与无线端的关系

本章要点：

- 无线端的展示方式
- 应该注意的事项

无线端下单的比重在速卖通平台上已经越来越大，所以店铺在无线端的展示方式，也必须引起卖家朋友的足够重视。那它具体是如何展示的，我们应该如何注意一些细节问题？在本章中就跟随我们的脚步，一起来学习一下吧。

7.1　无线端的展示方式

7.1.1　店铺在无线端的展示方式

速卖通在无线端的展示方式分为店铺的展示方式和产品详情的展示方式。目前店铺的展示方式在无线端还是比较单一的，我们将会把重点放在详情部分给大家来讲解具体的细节。

首先，我们来看一下店铺在无线端的展示方式。

店铺首页展示如图 7-1、图 7-2 所示。

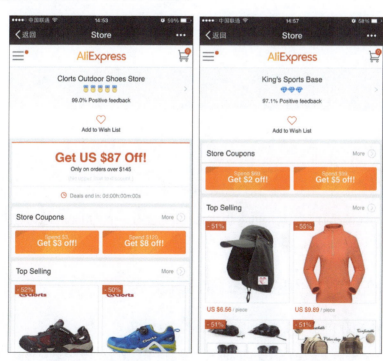

图 7-1　无线端店铺 1　　　　图 7-2　无线端店铺 2

从图片上我们可以清楚地看到店铺首页在无线端的具体情况。店铺名称、店铺指标会显示在最上面。接下来是活动的优惠信息、Store Coupons 信息。再接下来是 Top Selling 板块。

如果买家想看更多我们店铺的信息，也可以点击一下，进入店铺介绍里面，如图 7-3 所示。

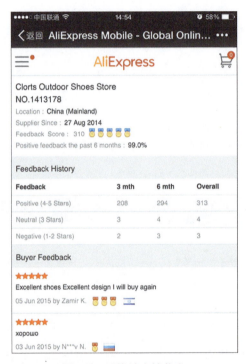

图 7-3　无线端店铺信息

在 Store Coupons 和 Top Selling 板块的右上角会有一个"More"按钮，买家可以选择了解更多优惠信息，或者产品信息。

7.1.2　产品页及主图在无线端的展示方式

接下来，我们再看一下产品主页在无线端的展示方式。

打开一款产品，首先我们看到的便是产品的主图。在这里大家就应该意识到，为什么我们一直会强调六张主图都要上传了。

多张主图可以让我们的买家在没有进入详情页的情况下，更好地了解我们的产品，如图 7-4、图 7-5 所示。

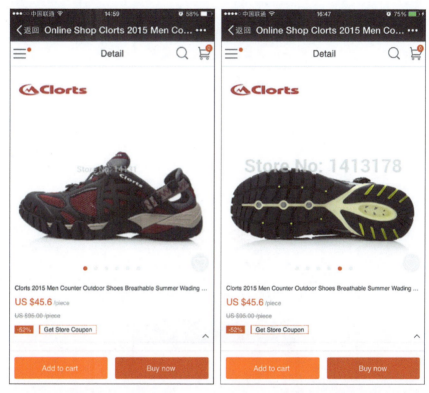

图 7-4　产品展示 1　　　　　　　　图 7-5　产品展示 2

继续拖动看产品首页，买家还可以发现产品已经销售的数量、产品的好评率、物流、描述及买家评价等信息。Description 作为一个相对重要的信息，在这里并不明显，所占的位置也比较小，一般买家并不容易发现。由此从侧面又提升了主图的重要性，所以要尽可能地利用主图描述清楚，如图 7-6 所示。

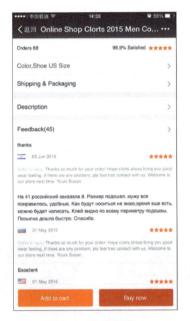

图 7-6　产品展示 3

最下面是一些其他信息、店铺连接和推荐产品，如图 7-7 所示。

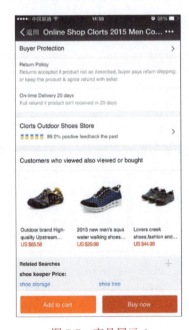

图 7-7　产品展示 4

综上所述，我们可以看到一个产品首页完整的展示方式。在产品首页，"加入购物车"和"点击购买"的按钮一直会在下方显示，这一点是非常重要的，买家随时都可以对我们的产品下单。

当买家点击"Buy now"按钮进入购买页面时，我们之前对产品的属性设置就显得颇为重要了。很多类目的产品都是有多种颜色的，而我们往往是嫌太麻烦，不会在颜色这里额外上传图片，只用文字来表达一下。下面两张对比图，可以让我们更直观地看出，优质的属性填写，会影响无线端的展示方式，从而影响产品的转化率，如图7-8、图 7-9 所示。

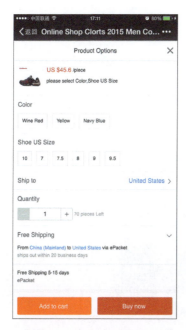
图 7-8　产品购买页面 1

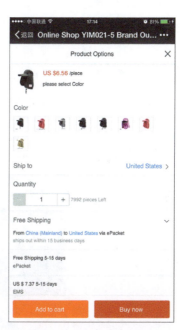
图 7-9　产品购买页面 2

7.1.3　产品详情在无线端的展示方式

在产品主页点击"Description"按钮进入产品描述页面，进入产品描述页面的按钮虽然不太明显，但是它的重要程度却是我们不能忽视的。

下面我们就一起来看一下详情页的具体展示情况。

自定义关联模块和参数表格如图 7-10、图 7-11 所示。

图 7-10　关联模板　　　　　图 7-11　参数表格

在正常情况下，详情中出现的图片和表格都会按照一定的比例缩小。

产品详情图如图 7-12 所示。

图 7-12　产品详情图

细心的卖家朋友在这里可以发现，详情里面是没有"Buy now"按钮的，所以买家需要购买，还要返回上一层才能进行相应操作，由此可以想到前面提过的主图的重要性。

7.2　应该注意的事项

7.2.1　主图应当注意的问题

首先，作为产品的第一描述页面，只有主图能够用来直观地展示产品。

其次，详情的标识不明显，买家很多时候只看一下主图，就会决定购买与否。

第三，产品详情描述中目前没有购买的按钮，买家需要返回产品首页购买。

由此我们可以总结出，主图非常重要。

那从无线端来考虑，主图应该如何去做，又应该注意哪些问题呢？让我们一起来学习一下。

首先要明确我们需要六张主图。千万不要为了省事，只上传一张图就不管了，这样不利于我们在无线端完整地展示产品，如图 7-13 所示。

图 7-13　手机主图

其次，我们需要六张主图各有所用，各尽其职。例如它们可以分别展示衣服的颜色、搭配方式、衣领、衣袖、裙摆、束腰、模特效果、尺码等，如图 7-14 所示。

图 7-14　服装主图

7.2.2　产品详情页中自定义关联模块应当注意的问题

详情页面出现的图片，在无线端系统会自动按 1:1 的比例进行自适应压缩。也就是原本 750px 宽度的图片，会自动缩小为适合手机屏幕宽度的图片，如图 7-15 所示。

图 7-15　手机端宽度自适应

同一款产品，在台式电脑上的显示如图 7-16 所示。

图 7-16　PC 端显示方式

　　通过对比，我们可以发现，在手机下面的那张图有少许模糊，这是为什么呢？因为这张图片切片后达不到手机屏幕的宽度，但依然要进行自适应，所以被放大，就出现了模糊的现象。

　　这里我们需要通过一定的技术手段，来固定一下这个推荐产品板块。利用 Dreamweaver 软件将每行都做一个单独的表格，如图 7-17 所示。

图 7-17　表格

　　再将图片相应地放进去，加入产品链接，删除图片宽度和高度参数，如图 7-18、图 7-19 所示。

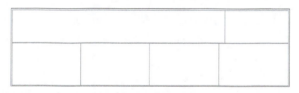

图 7-18　删除高度和宽度代码

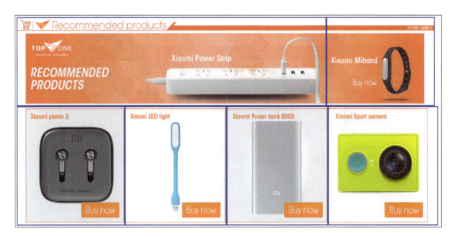

图 7-19　后台展示样式

这样我们的无线端就不会因屏幕的放大缩小而影响我们的图片格局了，并且同时能保证图片会自适应整个无线端的屏幕。我们来看一下效果，如图 7-20 所示。

图 7-20　无线端展示效果

7.2.3　店铺无装修状态下的自我推广问题

前面，我们已经了解无线端店铺的展示方式。海报、自定义板块等可以植入营销手段的板块，在无线端目前是无法展示的。目前能够体现产品和店铺优势的地方，只有两个部分：

第一，店铺促销活动信息。

第二，店铺 Top Selling 板块。

我们可以将店铺内 Top Selling 的产品优化好，从主图，到详情，以及详情页内关联营销的利用等。从侧面也可以对我们店铺内的产品进行推广和关联。

不过大家也应该时刻准备好，关注无线端平台。相信平台以后将会更加完善无线端展示效果，那时谁能更好地利用无线店铺页面设计的功能，谁将会占据更大的优势。